工程专业建设：
实践与思考

孔繁森◎著

⑤ 吉林大学出版社
·长春·

图书在版编目（CIP）数据

工程专业建设：实践与思考 / 孔繁森著. -- 长春：
吉林大学出版社，2023.7
ISBN 978-7-5768-1894-9

Ⅰ.①工… Ⅱ.①孔… Ⅲ.①工科(教育)–课程建设
–研究–高等学校 Ⅳ.①G642.0

中国国家版本馆CIP数据核字(2023)第134336号

书　　名：工程专业建设：实践与思考
　　　　　GONGCHENG ZHUANYE JIANSHE: SHIJIAN YU SIKAO

作　　者：孔繁森
策划编辑：卢　婵
责任编辑：卢　婵
责任校对：甄志忠
装帧设计：刘　瑜
出版发行：吉林大学出版社
社　　址：长春市人民大街4059号
邮政编码：130021
发行电话：0431–89580028/29/21
网　　址：http://www.jlup.com.cn
电子邮箱：jdcbs@jlu.edu.cn
印　　刷：吉广控股有限公司
开　　本：787mm×1092mm　　1/16
印　　张：15.25
字　　数：210千字
版　　次：2023年7月　第1版
印　　次：2023年7月　第1次
书　　号：ISBN 978-7-5768-1894-9
定　　价：70.00元

摘要

　　本书按照工程专业建设的逻辑，从宏观到微观系统地分享了作者在工程专业建设、学生管理、人才培养、课程体系设计、教学设计以及教学法实践与研究中的经验与思考。本书立足于教学和专业建设实践，在实践中结合作者的专业研究和思考提出了分阶段导师制、课程体系设计所应遵循的工程原则、课程体系设计的工程模型、教学设计的信息场理论方法、观窗教学法。同时作者对老师在人才培养过程中的价值与作用进行了阐释。本书作者是专业建设与教学的实践者、工程科学的研究者，因此，使用工程思维解决教学问题是本书的特色，本书秉持理论来源于实践，实践促进思考，依据思考构建模型，利用模型指导实践。如果本书能为以教师为职业，以教书匠为职业追求的老师们提供帮助，笔者将不胜荣幸并深感欣慰。

　　本书适合所有师范类学生作为教学参考书使用，更适合那些致力于大中专院校专业建设、教学管理、研究与实践的老师们参考阅读。

前言

2000年笔者在刚刚合并的吉林大学筹建工业工程专业，任专业负责人至今，在这24年分别制定了2001、2005、2009、2013、2018和2022版工业工程本科人才培养方案。这20多年笔者边实践，边理论联系实际对工业工程本科人才培养方案进行修订，不断完善。内容从学生导师制、人才培养模式、课程体系规划设计、实践教学体系规划、实践教学质量保证、实验环境建设以及教学设计和教学方法，也就是从宏观到微观都有涉猎。有关成果分别发表在《中国大学教学》《高等工程教育研究》《工业工程》等教学与专业期刊中。

为使本书具有基础性和理论方法上的连续性，在经验总结基础上融入有关课程、课程体系的开发与设计、教学设计的基本理论和方法。本书是按照工程专业建设的脉络和逻辑由宏观到微观进行组织的。本书在第一章对工程专业发展史进行了回顾，并介绍了工程、科学与技术的概念，介绍了专业、学科与职业及其关系。因为无论如何，工程专业都是面向职业发展的。在第二章介绍了笔者作为专业负责人在学生管理中的经验，分阶级导师制充分考虑了学生的特点与老师的需求，也充分体现了对人性的尊重。在第三章介绍了笔者对人才培养模式的思考，这也是笔者2005年至2009年的实践和思考，第一版培养方案（2001版）是参考其他院校制定的，在第二版培养方案中，笔者充分考虑了学生职业发展与国家需要，并兼顾理想中的大学精神。第四章笔者在简单介绍课程体系开发

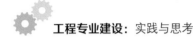

的理论框架基础上，给出了课程体系开发所应遵循的一般原则，并对国内现行学分制进行了反思。最后依据笔者的专业知识给出了课程体系开发的敏捷模型，该模型是顺应时代在虚拟教研室基础上提出的课程体系快速迭代模型。第五章介绍了笔者最近提出的可重构自组装工业工程课程体系，传统课程体系无论进行怎样的前期需求分析都很难兼顾学生在成长过程中不断变化的需求，而笔者提出的培养方案和课程体系给予学生充分的自主选择权，除了学校规定的工程类通识教学课不能选，三组专业核心课不能选外，专业基础课、专业选修课、平台发展课都可以由学生根据自己的学习状态和职业规划，按照规定好的模块和学分组装自己的培养方案。在这一版培养方案中充分考虑了对国家MOOC（慕课，大规模开放网络课程）平台、一流线上课程的利用。第六章介绍了实践教学体系，笔者之所以将这部分拿出来单独写，是因为笔者在多年专业建设中深深体会到实践教学对能力培养的重要作用，能力培养绝不是一门课、一个老师的职责，而是在培养体系中分工合作的结果，传统教学实践环节包括实验、实训、实习，本人则把基于核心课程群的大作业纳入实践教学体系中，对每一门实验课按照工业工程专业思维给出了标准操作指导，制定了严格可执行的实习课程评价标准，无标准就无指导，这个标准也是多年迭代优化的结果。第七章介绍了以信息场为中心的教学设计模式，笔者对专家报告动辄使用欧美框架模型一直心存遗憾，为什么就不能建立自己的框架模型呢？实际做起来却很难，谈创新容易，做创新却不易，对一点点进步的捕捉，一点点都很难，实践是过程，但它不等于实证，一个工程专业的老师如何进行教育理论研究的实证呢？希望有后继学者继续探讨。我的创新是抓住了信息时代这一脉搏而提出的，已经实践，但却未经实证，等待读者们批评指正。第八章介绍了笔者提出的观窗教学法，实践多年，没有起名字的意思，偶尔听了一次专家讲座，介绍各种教学法，顿感失落，笔者认为教学法是有应用场景的，不是万能的，各种能力培养也不是一个老师、一门课的任务，英美等国家的大班讲座（lecture），小班研讨（seminar），一对一的导师辅导（tutorial）在国内被误读，基于这些考虑，笔者提出观窗教学法，其核心思想是指依据对学生的学习之窗、认知之窗和心灵之窗的观察，发现学生学习过程中的理解问题和心智问题，唤醒学生的责任意识，实现精准施教。第九章介绍了在专业建设中笔者对老师价值和作用的理解，在人才育成过程中每一个老师如何对自己进行定位，专业组织如何赋予老师特定的能力培养使命，这种赋予是借助岗位和培养体系设计完成的，而不是通过组织安排完成的。笔者推崇教书匠精神，做好自己更符合人性。

三年疫情，使笔者有更多时间闭门静思，本书撰写历时3年，但却是20多年的教学实践和思考。在这20多年里不断从各位同仁先进的论著和教学实践中汲取营养，特别是2018年参与西浦教学比赛（观窗教学法获得年度二等奖），从组织方一群年轻富有朝气、对教育教学充满激情的小朋友们的交流中看到希望，论年龄实践我是他们的老师，论激情他们是我的榜样；笔者从参与方各位老师对教学孜孜不倦的追求中汲取精神营养，编撰此书供致力于专业建设的年轻学者和致力于本科教学的老师们参考使用。

需要说明的是本书笔者在教学过程中参考了许多网络资源，如刘子建老师的工程教育与《华盛顿协议》的PPT，还有一些网络资源中的许多笔者并未留下他们的名字，但是不能因此而忽视他们对工程专业建设、课程体系、课程以及教学设计知识体系的贡献，在此一并表示感谢。

本书的出版得到吉林大学机械与航空航天学院郑福胜书记、周晓勤院长及其他班子成员的大力支持，本书内容在编排上得到吉林大学教务处金祥雷副处长的指导，在此一并向他们表示感谢。同时笔者要感谢吉林大学工业工程系全体老

师，感谢您们在二十多年的工业工程专业建设中对笔者教学理念的大力支持，因为您们的支持才使笔者能够不断地将理念付诸实践。

工程专业建设知识体系博大精深，在工程教育事业发展日新月异的今天，笔者虽倾尽全力，仍难免有遗珠之憾，若有未言及之处，尚祈见谅！

孔繁森

2023年2月12日 于长春审苑

目录

工程专业建设　第一章

未来掌握在工程师手中！

—— Michael Heseltine

为人类服务的理想是科学事业的最终目标。

——培根

会造金仙、玉真观，虽盛夏，工程严促。

——《新唐书·魏知古传》

1.1 工程专业建设的历史沿革

1.1.1 国外工程专业发展史

最早的"技术图纸"可以追溯到公元前4000年左右，是迦勒底（Chaldean）工程师古迪亚的堡垒计划，然而，工程学科直到16世纪才正式形成。法国的工程师职业源于16和17世纪强大的国家君主制。税收制度使国家扩大，使建立永久的军队成为可能——这是工程师的第一个主要就业领域。工程师们的第一个工程项目是建设足以抵抗火炮的要塞和支持军队快速移动的道路和桥梁。1676年，法国陆军部长在法国军队中创建了工兵部队。工作人员主要从法国下层贵族和上层中产阶级中招募。1716年，英国皇家政府成立了桥梁和道路军团。为了加快部队的部署，建立了一个道路网络。

1. 早期的工程学院

第一所工程学院诞生于法国。1747年，第一所道路与桥梁学院（école des Ponts et Chausseses）成立；1749年，第一所军事工程学院（école du corps royal du genie）成立；1778年，第一所矿业工程师学院（école des mines）成立；1794年，第一所理论与数学工程学院（école polytechnique）成立。

到1800年，工程师在法国已经成为一种固定的职业。在英国的商业和工业扩张允许合伙企业和公司承担大型复杂项目之前，国家一直是整个欧洲工程项目的主要赞助人。

早期的美国工程是法国和英国工程传统的混合。美国独立战争的爆发造成对工程师的需求量急剧增加。1775年，第二届美国国会批准在陆军中建立工兵部队。1783年以前，工兵部队主要由法国工程师领导和组成。1783年后，工兵部队随陆军一起解散。1794年，国会授权炮兵和工程师兵团驻扎在西点。这是美国第

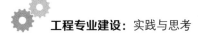

一个正式的工程师教育项目。美国政府资助的第一个主要交通项目是1816年修建的365英里（1英里≈1 609米）长的伊利运河（Erie Canal）。随之而来的是许多交通运输项目，这大大增加了对受过专业训练的工程师的需求。

本杰明·莱特（Benjamin Wright）、凯维斯·莱特（Canvass Wright）和詹姆斯·格迪斯（James Geddes）受雇于纽约州监督伊利运河的建设（1817年至1820年）。他们通过反复试验法（trial-and-error）来学习工程知识，格迪斯和莱特夫妇被授权雇佣助手来帮助他们，这为工程师学徒培训计划奠定了基础。美国的机械工程需求是由接受过在职培训（trained on-the-job）的工程师来满足的，他们大多是从机械车间的学徒开始做起的。1817年，塞万努斯·塞耶尔（Sylvanus Thayer）校长在西点军校引入了标准的四年制工程学课程。如图1-1所示为早期西点军校的学生。1865年，海军学院建立了蒸汽工程系，这是美国最早的机械工程专业之一。

图1-1　早期西点军校的学生

1820年，在诺威治大学，由艾尔顿·帕特里奇（Alden Partridge）创立了第一所民用工程学院。1834年，一项为期三年的课程计划开始实施。1824年，伦斯勒理工学院（RPI）成立，旨在培训教师以指导农民和工匠有关他们职业的科学原则。1835年开始授予土木工程学位。1850年开始实施为期三年的课程计划。直到19世纪60年代末，西点军校一直是工程教育工作者的主要来源。1862年的莫里尔法案（*Morrill Act*）规定建立土地授予机构，以教授农业和机械技术。土地授予机构显著增加了工程教育项目的数量。国会授权海军派遣剩余军官教授蒸汽工程和钢铁船舶设计（1879年至1896年），从而加强了赠地机构的机械工程项目课程。

2. 专业学会与学术期刊

1818年，英国土木工程师协会成立，这是第一个工程师专业协会。1824年，费城建立了富兰克林学院以培训手工艺人并教授他们工作的科学原理。1852年，美国土木工程师协会（ASCE）成立。1871年，矿业工程师从ASCE分离出来后成立美国矿业工程师协会。1880年，美国机械工程师协会（ASME）成立。1884年，美国电气工程师协会成立。

到19世纪末，美国的工程风格已与法国和英国的风格分道扬镳。美国工程在设计中强调减少劳动和经济性；欧式风格强调强度、安全性、持久性和风格。到1900年，美国有4万名工程专业从业者，出现了上述四个专业协会，全面开展了近100个工程教育项目。

1907年，美国农业工程师协会（ASAE）成立。1908年，化学工程师离开了美国化学学会，成立了美国化学工程师学会（AIChE）。

1932年，美国工程教育促进协会成立，后来改为工程技术教育认证委员会（ABET）。1934年，美国国家专业工程师协会（NSPE）成立。该协会关注影响工程师的经济问题，负责通过要求工程师获得执照的立法。

17世纪中叶，在欧洲涌现出了200多个类似于英国皇家学会的学术组织。这些学术组织研究哲学与科学技术，同时学会之间有着频繁的学术讨论交流。在这

个时期诞生的学术期刊最初是以学会会刊的形式出现的。

1665年1月5日，法国人戴·萨罗创办了世界上第一种周刊刊物——《学者杂志》，也有学者认为最早的杂志是德国人约翰·里斯特创办的《每月评论启示》（1663—1668）。1778年，在英国出现了世界上第一种专业期刊《化学会志》，此后不久，出现了一批学术性期刊。1807年，德国专门刊载矿物学研究成果的期刊《矿物学杂志》面世。随后，英国又先后在1823年、1830年创办了医学专业期刊《柳叶刀》和生物学期刊《动物学杂志》。法国人在1830年创办了地质学专业期刊《法国地质学会通报》。英国的《伦敦皇家学会哲学汇刊》从1887年起开始分为A辑、B辑出版，以分别刊载数学与物理学、生物学领域的最新学术研究成果。这种现象不仅丰富了期刊的种类，同时也促进了学术期刊向专业化学报的发展。

随着科学技术文献的迅速增多，学术期刊队伍不断壮大，随之而来的是学术期刊品种与数量的急剧增多。面对种类繁多的学术期刊，人们根本没有时间和精力逐一阅读全文，文摘类学术期刊由此产生了。1830年，德国人创办了世界上第一种文摘刊物《化学文摘》，美国人分别在1884年、1907年创刊了《工程索引》和《化学文摘》，这些文摘类期刊都在学术期刊的推广方面发挥了巨大的作用。自20世纪60年代以来，计算机检索技术的推广使人们可以在最短的时间内、以最快的速度查阅自己所需要的最新学术信息，这种简便的方式同时也推动了检索类期刊的创办与发行。

1957年，尤金·加菲尔德（Eugene Garfield，1925—2017）在美国费城创办了美国科学信息研究所（Institute for Scientific Information，简称ISI）；1964年，ISI正式出版《科学引文索引》（SCI）；1973年，正式出版《社会科学引文索引》（SSCI）；1976年，正式发布《期刊引证报告》（JCR），公布其收录期刊的影响因子IF；1978年，正式出版《艺术和人文学科引文索引》（A&HCI）。

3. 政府公职（government employment）

在20世纪之初，美国陆军工程兵团是政府雇佣工程师的主要单位，很少有其他机构雇佣工程师。随着公共工程项目（TVA）的诞生，大萧条为工程师创造了新的职位。在南北战争期间，陆军工兵部队负责为军队运输修建道路和桥梁。第二次世界大战和冷战进一步增加了联邦政府对工程师的雇佣。1900年，约15%的工程师受雇于政府。1945年，40%的工程师直接或间接受雇于政府。图1-2所示是新罕布什尔第五步兵团正在弗吉尼亚州奇克霍米尼河上建造一座桥。

图1-2 在奇克霍米尼河上建桥

19世纪由工程师们设计的交通、通信和制造系统发展成为资本密集型企业。这些公司试图通过工业研究实验室将发明过程制度化并加以控制。美国电气化（公用事业行业）是由系统建造者如托马斯·爱迪生（Thomas Edison），塞缪尔·英萨尔（Samuel Insull）和米切尔（S.Z. Mitchell）实现的。这些和类似的系统构成了工程师就业的核心。

1900年，美国有4万名工程师（每1万名工人中有13名工程师）。1950年有50万名工程师。1960年，每1万名工人中有128名工程师。到1950年，工程师

已经成为美国男性追求意愿最强的单一职业，也是第二大对专业身份有要求的职业。

4.世界高等工程教育模式

从世界高等工程教育的发展来看，高等工程教育模式可归纳为科学型、专业技术型、工程复合型等。[1]

（1）科学型也称为理论型，以美国、德国的理工科大学为代表，信奉精英教育理念，注重培养学生的理论基础和科学研究方法；无行业的限制，但受到学科的制约；旨在培养未来的科学家和学术大师。

（2）专业技术型也称为应用型，以各国的工程应用技术大学为代表，信奉高等工程教育理念，注重培养学生的工程应用、技术实践能力；受到行业和学科的限制；旨在培养未来不同行业的工程技术专家，这也是我国各工科大学按专业院系划分的培养模式。随着科技、经济、政治、文化相互渗透、相互制约的不断增强，该模式更加注重探究式学习、合作经验和跨学科培养，更加注重教学、研究和实践相结合。其特点是：坚持以专业知识教育为核心，重视工程系统教育，加强集成、创新、实践能力的培养。

（3）工程复合型也称为工程实践型，以法国的里昂中央理工大学为代表，信奉系统工程理念（法国的通用工程师概念），重视生产、设计、环境、经济、工程管理等知识的传授与实践，强调科学知识的综合应用、学科的交叉融合，注重培养学生的创新实践能力；不受行业和学科的限制；旨在培养具有国际背景的工程师，并使之成为企业经理和跨国公司总经理。

1.1.2　国内工程专业发展史

中国的工业化始于清朝末年。19世纪60年代，经过两次鸦片战争失败的清政府，开始了以军事工业为核心内容的洋务运动。从1861年曾国藩创办安庆军械所开始，到1890年张之洞开办湖北枪炮厂止，共建有大小军工企业21家，雇用工人一万余人。创办军事工业离不开相关的企业支撑，如交通运输、电力电讯、矿山燃料、机械制造、钢铁建材等等，为此一批相关企业开始创办。到了19世纪70年代，洋务派提出了"强""富"并重、"寓强于富"的方针，基础工业和民用工业得以发展。从此，中国开启了工业化的历史进程。

中国进入工业化进程后遇到的第一个瓶颈，就是人才的短缺。显然，几千年农业经济和儒学教育培养的精通"四书五经""科举取士"的人才不适应社会发展的需要，教育必须变革，由此新式教育随之诞生。从1862年到1894年甲午战争以前，清政府在全国先后设立了二十多所新式学校。这些学校大致可以分为三类：第一类是方言学堂，即外国语学堂，如1862年开设的京师同文馆、1863年开设的上海广方言馆、1864年开设的广州同文馆等等；第二类是军事学堂，如1866年开设的福州船政学堂、1881年开设的北洋水师学堂、1885年开设的天津武备学堂等等；第三类是技术学堂，如1865年开设的上海江南制造局附设机械学堂、1880年开设的天津电报学堂、1882年开设的上海电报学堂等等。这些学堂的建立，是中国近代教育的开端，也为高等教育的产生提供了教育基础和经验。如福州船政学堂的教学模式分为基础课和专业课，培养模式分为理论课和实践课，明显是引进了西方的教学模式和培养模式。北洋水师学堂开设驾驶和轮管两科，引进了西方学科设置和分科培养的模式。而天津武备学堂的课程内容包括了学科和术科两方面，反映了当时西方教育"重学轻术"和"重术轻学"两种主流的教育思潮。天津北洋大学堂以哈佛办学模式为蓝本创建，设有社会科学和自然科学两

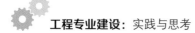

类学科，带有综合性质。它以现代工程教育为核心，设有工程（土木）、电机、矿冶和机械等学科，在现代5大工程学科（土木工程、机械工程、电机工程、电子工程与化学工程）中占了3个。它采取美国大学的层次结构，设有头等学堂和二等学堂，"头等学堂此外国所谓大学堂也"，二等学堂相当于大学预科。它将留学教育作为研究生教育阶段写入规划，第一批大学生毕业后即送入美国哈佛、康乃尔等大学的研究院深造。随着派出的留学生学成回国，参加工程建设，尤其是自1906年詹天佑先生主持建设京张铁路工程起，才有了中国的近代工程技术人员。1911年以后，中国教育改革引入西方工程技术教育，培养了一批工程人才，留学生回国人数也不断增加，这就形成了中国近代工程技术人员的队伍。[2]

1. 早期的实验室与研究所

1920年，我国的工程院校中开始建有实验室，并有了自发的研究工作。此时的北洋大学建有材料实验室、化学实验室、物理实验室、机械实验室、水利实验室和冶金实验室。交通大学建有电机、材料、无线电和机械4个实验室。这些实验室的仪器设备都来自工业发达国家，十分先进。这些实验室主要为进行教学而设立，但是也为科学研究提供了条件。

1933年天津建立水工试验所，天津水工试验所是由北洋大学教授、水利工程专家李仪祉发起组织，由黄河水利委员会、北洋工学院和河北省立专门学校合作建立的，标志着我国大学有了专门的科学研究机构。天津水工试验所是学校与工程单位结合，学校和企业共同承担研究项目联合开展科学研究的产学研一体化的研究所，它是我们今天所倡导的产学研相结合模式的先驱和开创者。

1934年该所进行了扩充，加入了华北水利委员会、导淮委员会、太湖流域水利委员会。1935年更名为中国第一水工试验所，该所几乎汇聚了当时中国水利工程界的全部专家，取得了黄河、淮河、海河治理的一批研究成果。

1931年国民政府教育部"通令全国国立各大学酌设研究所，推广科学研究"，"并望中央能指拨专款，以作奖金及补助基金，以利进行"。由此，大学的科研功能被正式提出作为大学的任务之一。1934年国民政府教育部颁布了《大学研究院暂行组织规程》，对于研究院设立的目的、组织机构、设置研究所的大学应具备的条件等都做了详尽的规定。大学的科研任务被正式纳入教育体制。

到1936年全国已有12所大学设立了25个研究所，其中设有工程研究所的有交通大学、北洋大学、武汉大学、南开大学等。如1933年北洋工学院设立了矿冶工程研究所和工程材料研究所。1934年，两个研究所合并成为北洋工学院工科研究所。

2. 早期的专业学会与学术期刊

1912年1月，詹天佑在广州发起成立"中华工程学会"，之后颜德庆等人在上海发起成立"中华工学会"，徐文炯等人在上海成立了铁路"路工同人共济会"。三会宗旨相似，不久后三会合并成立了"中华工程师会"，詹天佑任会长，学会设在汉口，有会员148人。1914年改名为"中华工程师学会"，并迁址于北平（今北京）。

1918年，20余位留美学者和工程技术人员在美国康奈尔大学成立"中国工程学会"，随后迁往纽约，有会员84人，其中机械学科11人。数年后迁回国内，在上海建会。1923年有会员350余人，1928年分为机械等5个学组，1930年会员增至1 500余人。

1931年，"中华工程师学会"和"中国工程学会"合并成为"中国工程师学会"，并确定1912年1月1日为创始日，会址设在南京，决定以中国古代治水专家大禹的诞辰6月6日为"中国工程师节"，有50余个地方分会，会员2 169人，出版有《工程》杂志等学术刊物，有15个专门学会，其中包括中国机械工程学会。

在我国高等工程院校中成立最早的学会是交通大学学生发起的"工程学

会"，成立于1921年。1932年清华大学成立了"土木工程学会"，1936年北洋大学成立了土木、矿冶、机械、机电4个工程学会，重庆大学成立了土木、采冶工程学会，湖南大学成立了土木、电气、矿冶工程学会。这些学会不仅召开学术会议，还派教师参加国际学术交流，如1929年11月，北洋工学院院长李书田教授作为中国工程学会代表赴日本东京出席万国工业会议。会上，李书田宣读了《铁道工程与运用》等四篇论文，其论文被收入《万国工业会议文集》。

1935年10月10日，刘仙洲、王季绪、杨毅、李辑祥、庄前鼎、顾毓琇和王士倬等人联名发函，建议在机械工程界成立中国机械工程学会。他们认为机械工程是各种工程的根基，其应用范围也比其他工程专业广泛，有成立机械专科学会的必要。1936年1月，在清华大学成立了筹委会。

1936年5月21日，76名发起人集合于杭州国立浙江大学文理学院，借中国工程师学会召开年会之机，召开中国机械工程学会成立大会。黄伯樵任大会主席，中国工程师学会会长曾养甫等人列席会议。筹委会委员庄前鼎做报告。通过了会章；选举黄伯樵为会长，庄前鼎为副会长，柴志明等9人为董事。

1936年，中国机械工程学会开始出版会刊《机械工程》（季刊），杨毅为首任总编辑，有编辑30人，创刊号在北京印刷。这一时期科研刊物大量涌现，如交通大学办有《工程学报》《工程半月刊》，清华大学办有《清华大学工程学会会刊》《清华大学工程季刊》，北洋工学院办有《北洋理工季刊》《北洋工学院工程研究所丛刊》，湖南大学办有《电工会刊》《矿冶期刊》，武汉大学办有《工程年刊》，等等。这些刊物除介绍国外的最新科研成果外，就是刊载本校师生所撰写的学术论文。[3-7]

1.2　工程、科学与技术

1.2.1　工程的定义

1. 来自辞书的定义

1979年版《辞海》给出的工程定义：工程是把自然科学的原理应用到工农业生产部门中去而形成的各学科的总称。

工程教育幼稚期：依赖于技术教育
工程教育青年期：混同于科学教育
工程教育成熟期：工程自己的教育

1985年版《简明大英百科全书》（中文本）给出的工程定义：工程是应用科学知识使自然资源最佳地为人类服务的一种专门技术。

2. 来自协会的定义

1828年版《英国土木工程师协会章程》给出的工程定义：工程是利用丰富的自然资源为人类造福的艺术。

1852年版《美国土木工程师协会章程》给出的工程定义：工程是把科学知识和经验知识应用于设计、制造或完成对人类有用的建设项目、机器和材料的艺术。

美国工程师职业发展协会（ECPD）
1932年，由7个工程师协会发起，有19个团体会员。
宗旨：提高工程师的职业地位。
其工科院校委员会负责工科专业教育计划的鉴定，1980年更名为ABET。

概括起来，工程是艺术，是技术，更是一种专门职业。

3. 基于职业生涯（career based）的定义

由美国工程与技术鉴定委员会（ABET）的前身美国工程师职业发展协会（ECPD）于1961年正式提出的定义就是基于职业生涯的。定义如下：

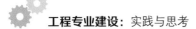

工程是一种专门职业（Engineering is a career and a profession），（从事这种职业的人需要特殊的教育、培训和经验，以适应终生的工作实践）需要把通过学习、体验和实践所获得的数学和自然科学知识用于开发，并经济有效地利用自然资源，使其为人类造福。

该定义表达了工程职业的四重要义：①工程职业的使命是"为人类造福"；②完成该使命的途径是"开发并经济有效地利用自然资源"；③为此而运用的专门工具是"数学和自然科学知识"；④掌握该工具的方法是"通过学习（study）、体验（experience）和实践（practice）"。

由英国工程委员会（ECUK）基于职业生涯给出的定义为：

工程是能熟练应用一种特殊知识体系的专门职业，该知识体系以数学、科学和技术为基础，并且整合了工商与管理，它们通过某一具体工程学科的通识教育和专业教育才能掌握工程的目标，该目标是为工业和社会开发、提供和维护基本设施、产品与服务的。

4. 基于功能（function based）的定义

工程就是利用数学、科学和经验解决技术问题，所有工程的产出都是对一个实际问题的解决，是对一个实际需要的实现。

上述定义均涉及数学，那么数学是如何定义的呢？

数学是研究数量、结构、变化以及空间模型等概念的一门学科。通过抽象化和逻辑推理的使用，由计数、计算、量度和对物体形状及运动的观察中产生。

数学家们拓展了这些概念，为了公式化新的猜想以及从合适选定的公理及定义中建立起严谨推导出的真理。数学是一种世界通用的语言（思维），所以认为"数学是一切科学的基础"并不为过。恩格斯曾说："任何一门科学的真正完善在于数学工具的广泛应用。"达·芬奇认为，在科学中，凡是用不上数学的地方，凡是和数学没有联系的地方，都是不可靠的，数学是一切科学的基础。但是将思想的、情感的问题做定量描述是不可能的，所以文学、艺术是难以纳入科学范畴的。社会科学对于数学也会有限采用。数学是艺术，数学中存在着美，数学中存在的美就是数学美，它是纯客观的，哪里有数学哪里就有数学的美存在。数学的简洁美、和谐美、对称美、奇异美就是数学美的内容。

1.2.2 科学、技术的定义

1. 科学的定义

此处介绍的科学指自然科学，它是关于人对自然的认识，它最终要表现为关于自然的系统

Scientists study the world as it is, engineers create the world that never has been.

化、理论的知识。科学的最初成果是用概念来描述自然现象的发现，继而进行说明、解释，以至预见新的自然现象，最后形成某种概念的体系，成为一门学科。

（1）含义（what）：运用科学方法了解世界；

（2）目的（why）：发现更多知识，解释宇宙的运作规律；

（3）方法（how）：做出合理猜测，再做结构实验验证猜想。

2. 技术的定义

所谓技术就是人们在对自然的控制、改造和利用的过程中所积累的知识、经验、技巧、规则的总和。技术的最初成果是通过构思而得到的发明，任何发明都是人对自然控制和改造的结果，最终实现人对自然利用的目的。

18世纪，英国的瓦特发明了蒸汽机，使技术由量的积累实现了质的飞跃，成为第一次工业革命的标志。19世纪70年代，电动机、发电机先后问世，继而在20世纪又实现了远距离电力传输，这是第二次工业革命的标志。20世纪中叶，原子能、电子计算机、空间技术的发展，标志着第三次科技革命的发生。

3. 科学、技术与工程的区别

在著名的网站Quora上关于科学、工程和技术之间的关系这个话题有数十条

讨论，但归结起来，可有如下结论，如图1-3所示，"科学在于探索、发现自然界的规律，并形成系统的知识；工程（engineering）是采用科学知识来构建、设计和创造，而技术则是所有工程工具、设备和过程的可用总和。"

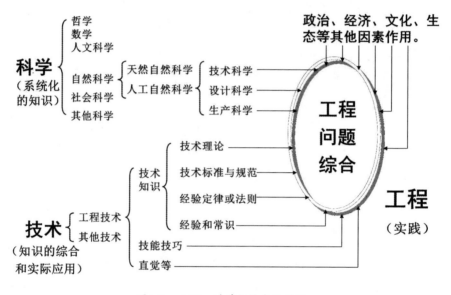

图1-3 工程、科学与技术的差别

现代科学体系分为自然科学和社会科学。自然科学研究物质世界，而社会科学研究人类和社会，皆具有理性客观、可证伪且使用范围存在界限但普遍必然的特点。自然科学又分天然和人工。在方法论上科学注重抽象和规律的挖掘。

工程指的是科学和技术的某种应用，使得自然界的特性能够快速且高效地转化为对人类有用的东西。工程是将自然科学理论转化至工农业实际应用中的活动的总称，涉及政治、经济、文化以及生态等诸多因素。简而言之，从概念上来看，科学是系统理论知识及其研究，能用于指导实践；而工程则是运用科学理论进行的一种实践活动。科学属于文化范畴，工程属于经济范畴。从目的和过程来看，科学的研究对象是未知领域，为人类提供新的探索，用理论知识促进人类对自然事物的认识，科学研究的立题来源于人类的好奇心与兴趣及对生产生活的需求，科学研究是主动且自由探索的过程，研究周期较长，且这个探索过程未知内容很多，需要科研人员具有巨大的耐心和宽广的知识，同时科学家在严谨工作的同时要具有发散的思维。而工程则是社会发展的直接需求，其目的简单而明确，是在已有科学理论的基础上进行的更为深入而复杂的应用，可以说是改造世界的过程，工程进行的周期相对较短，需要快速取得应用效果。然而这个过程也需要综合各个学科的知识，具体实施中具有极大的复杂性和艰巨性。

马克 N.霍伦斯坦（Mark N. Horenstein）认为设计是工程的核心，科学家通过观察具体现象并得出一般性的结论，而工程师则恰恰相反，由通用规律到解决特殊问题，自然科学帮助工程师理解物质世界，而数学提供的通用语言则帮助其架起了不同学科之间的桥梁。[8]亚里士多德将工程师定义为"解决复杂问题，并组织和使用工具"，这与"工匠"有所区别，工匠可能掌握某种技术，但并非一种刻意的设计过程。

工程的推进也会不断推动科学的进步，大型工程往往会提出新的科学问题。比如探月工程、核能利用等工程的实施，均符合以上特征。工程师在探索过程中更着重于严谨的思维，其需要在已有的知识与技术上进行深度挖掘，因此工程师必备的基本素质包括基本科学素养和掌握已有的技术和发展趋势等。

科学体现人类文明程度，是国家发展过程中的重要推动因素，基础科学多以学术成果、科研论文进行展示，而工程展示国家的经济能力和水平，更多要考虑经济与产业的发展，其与经济建设结合较为紧密。但归根到底，科学与工程相辅相成，科学是工程类学科的基础，是理论先行，并带动工程技术的发展，二者均密切影响着人类的生产生活。

4.工程与科学问题求解过程的比较

科学问题的求解过程：①观察现象；②假设一种理论解释该现象；③通过实验验证这个理论；④就理论是否正确进行分析得出结论。

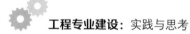

工程问题的求解过程：①确定需求和资源；②开发一种设计概念（设想）；③用模型验证这个设想；④就设想是否满足需求下结论；⑤在现实约束条件下实现它；⑥评价与改进。工程的哲学既包含主观精神，也包含客观条件。工程需要想象和良知，同时需要求真与务实。

5. 工程科学

工程既具有科学性，也具有艺术性，同时具有很强的综合性，因而，务实、创新、综合是工程的灵魂。

"工程科学"（engineering sciences）："工程科学"术语首见于1955年美国工程教育协会（ASEE）发表的《Grinter报告》。该报告提出"工程科学"的概念，建立了完整的工程教育课程结构模式（basic sciences、engineering sciences、engineering analysis and design、engineering laboratories、non-departmental engineering courses、humanities and social studies），历史性地提出工程科学包含6大学科：固体力学（mechanics of solids）、流体力学（fluid mechanics）、热力学（thermodynamics）、热量、质量和动量传递［transfer and rate mechanisms（heat, mass, and momentum transfer）］、电工理论（electrical theory）、材料性能和特性（nature and properties of materials）。

1.3 专业与学科

1.3.1 学科

学科的第一个含义，是指学术的分类，指一定科学领域或一门科学的专业分支，如自然科学中的物理学、生物学，人文社会科学中的史学、教育

发现——discovery（有被捕捉）

发明——invention（无被填充）

创造——creation（无中生有）

创新——innovation（有中生新）

学等。

学科是与知识相联系的一个学术概念，是自然科学、社会科学两大知识系统（也有自然、社会、人文之三分说）内知识子系统的集合概念，学科是分化的科学领域，是自然科学、社会科学概念的下位概念。

国家标准《学科分类与代码》（GB/T 13745—2009）依据学科研究对象、研究特征、研究方法、学科的派生来源、研究目的和目标等五个方面对学科进行分类，分成A自然科学、B农业科学、C医药科学、D工程与技术科学、F人文与社会科学五个门类，下设一、二、三级学科，共有58个一级学科。据统计，当今自然科学学科种类总计约近万种。据另一种统计（到20世纪80年代），在中观层次上已发展出约5 500门学科，其中非交叉学科为2 969门，交叉科学学科总量达2 581门，占全部学科总数的46.58%。

学科的第二种含义指高校教学、科研等的功能单位，是对高校人才培养、教师教学、科研业务隶属范围的相对界定。学科建设中"学科"的含义侧重后者，但与第一个含义也有关联。

高校的学科分类有多种。我国目前普通高校的研究生教育和本科教育的学科划分均为11大门类（哲学、经济学、法学、教育学、文学、历史学、理学、工学、农学、医学、管理学）。

工程知识的另一大类集合，是与工程相关的"科学"，是知识的集合，后者被称为一种"学科"，可见，"学科"这一术语本身就有双重含义。其一，是指科学分类上的学科。即"应用自然科学原理的学科"和"应用科学和数学原理的科学学科或学术学科（discipline）"。它可以指一定学科领域的总称，如：人文学科、社会学科、自然学科，又可以指一门具体的科学分支。其二，是教育学意义上的学科（subject），它是人们在教育活动中为系统有效地传递人类经验而设定的教学科目，是学校课程的组成部分。因此，又可以被称为："教学学

科""学校学科"或"学校课程"（最狭义的课程）。

1.3.2 专业

专业，一般指高校或中等专业学校根据社会分工需要而划分的学业门类。实际上，专业有广义、狭义和特指三种解释。

广义的专业是指某种职业不同于其他职业的一些特定的劳动特点。

狭义的专业，主要指某些特定的社会职业。这些职业的从业人员从事的是比较高级、复杂、专门化程度较高的脑力劳动。一般人所理解的专业，大多就是指这类特定的职业。

所谓特指的专业，即高等学校中的专业。《国际教育标准》称之为课程计划"program"，英国高校称之为主修"major"，我国《教育大辞典》称之为中国、苏联等国"高等教育培养学生的各个专门领域"。近年有学者将专业解释为"课程的一种组织形式"。课程在英文里被称为"curriculum"，来源于拉丁文"race-course"，原意为"跑马道"。后来用在教学上，指学校为学生开设的各种教学科目。

高校的专业是社会分工、学科知识和教育结构三位一体的组织形态，其中，社会分工是专业存在的基础，学科知识是专业的内核，教育结构是专业的表现形式。三者缺一不可，共同构成高校人才培养的基本单位。

1.3.3 学科与专业的关系

学科是科学知识体系的分类，不同的学科就是不同的科学知识体系；专业是在一定学科知识体系的基础上构成的，离开了学科知识体系，专业也就丧失了其存在的合理性依据。在一个学科中，可以组成若干专业；在不同学科之间也可以组成跨学科专业。

学科、专业又是不同范畴的概念，人们往往容易混淆二者的差异。学科和专业的构成是不同的。构成一门独立学科的基本要素主要有三：

（1）研究的对象或研究的领域，即独特的、不可替代的研究对象。

（2）理论体系，即由特有的概念、原理、命题、规律等所构成的严密的逻辑化的知识系统。

（3）方法论，即学科知识的生产方式。

专业的构成要素主要包括：专业培养目标、课程体系和专业人员。培养目标即专业活动的意义表达。课程体系是社会职业需要与学科知识体系相结合的产物，是专业活动的内容和结构。课程体系的设置合理与否、质量高低、实施效果好坏直接影响人才培养目标的实现状况。专业人员主要包括教育者和受教育者，没有"人"的介入，专业活动不可能完成。

学科与专业所追求的目标是不同的。学科发展的目标是知识的发现和创新。学科以知识形态的成果服务于社会，一般称之为科研成果，科研成果又可分为科学型和技术型两种。专业的目标是为社会培养各级各类专门人才。学科与专业目标的区别表明两者之间具有不可替代性。学科与专业并存是高校的一种特有现象，两者相互依存，相互促进。专业是学科承担人才培养职能的基地；学科是专业发展的基础。一所高校的人才培养质量如何，取决于其学科和专业水平。

1.4　工程职业

所谓职业是社会中的个人所从事的作为主要生活来源的工作。成千上万种职业在西方被分成"普通职业"和"专门职业"两类，前者称为"trades"，后者称为"profession"。专门职业在教育体系中又可分为学术专业（如理科、文科和艺科）和实际专业（如工科、农科、医科、师范类、商科和法科）。

根据中国职业规划师协会的定义：职业（profession）是性质相近的工作的总称，通常指个人服务社会并作为主要生活来源的工作。在特定的组织内它表现为职位（即岗位，position），我们在谈某一具体的工作（职业）时，其实也就是在谈某一类职位。每一个职位都对应着一组任务（task），作为任职者的岗位职责。而要完成这些任务就需要这个岗位上的人，即从事这个工作的人，具备相应的知识、技能和态度等。

职业是指参与社会分工，用专业的技能和知识创造物质或精神财富，获取合理报酬，丰富社会物质或精神生活的一项工作。职业是人们在社会中所从事的作为谋生手段的工作；从社会角度看职业是劳动者获得的社会角色，劳动者为社会承担一定的义务和责任，并获得相应的报酬；从国民经济活动所需要的人力资源角度来看，职业是指不同性质、不同内容、不同形式、不同操作的专门劳动岗位。职业应有的典型特征：

（1）满足人类不可或缺的一种特定的需求；

（2）要求判断力，能够做出判断而非仅仅是照章办事；

（3）所从事之活动要求具备一般公众不具备的知识和技能；

（4）具有增进知识、追求专业理想和为社会服务的群体意识；

（5）具有某种法律地位，要求完备的（专业）准入标准。

称得上"专业"的职业，它必须：有明确的职能和业务范围，即有明确的专门分工；其从业者要接受过广泛的智力上的训练，要通过职业资格考试，掌握必要的职业技能；具有"专业垄断性"（professional monopoly）；具有"专业自治"（professional autonomy）；具有自己的职业伦理规范（code of ethics）。

图1-4给出了科学、技术和生产范畴的工程职业。其中科学家主要研究影响我们生活的基本定律，目的是拓展基本知识体系，一般工作在实验室，需要更高级别的高等教育。工程师主要使用基本自然定律寻找解决实际问题的新方法，一

般工作在办公室、实验室、工厂和田野，主要从事文字工作，在众多解决方案中选择一个最优解。技术工程师主要使用数学和科学规则处理特定需求，被要求回答一些多项选择问题，是许多设计团队的关键成员，最低需要本科学历。技术员通常需要接受2年制的职业教育，比较强调技术背景，通常需要回答一些yes/no类型的问题，通常从事实验、测量、质量控制和设备维护保养等工作。

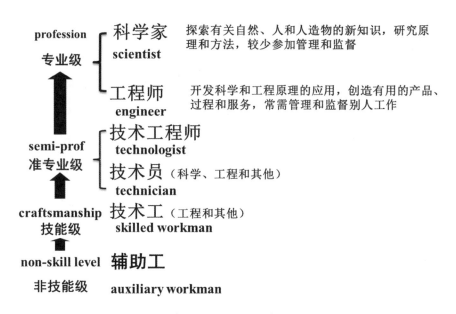

图1-4　科学、技术和生产范畴的工程职业

何谓"合格的工程师"？

　　据多数工程师之意见，工程师成功要素，至少计有六项，依其重要次序，即品行、决断、敏捷、知人、学识及技能。以上仅最末之学识及技能两项，为现时学校所注意，其他四项，学校既无测验之法，复无培养之方，以致无从进步。

——茅以升，1926

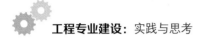

1.5　工程专业建设的内涵与要素

（1）内涵及内涵式发展。内涵是指概念所揭示的事物的本质特征，即事物"质"的规定性；而外延是指概念所反映的本质属性的全部对象，它说明概念所反映的事物"有哪些"，即概念的"量"的规定性。所谓"内涵式发展"就是要抓住事物的本质属性，强调事物"质"的发展。

内涵式发展是发展结构模式的一种类型，是以事物的内部因素作为动力和资源的发展模式。对于高校来说，就是注重学校理念、学校文化、教育科研、教师素质、人才培养工作质量和水平等方面建设的工作思路。

专业建设是为了满足社会发展和国民经济建设对人才培养的需要，"以育人为目标，以学科为依托，以社会需求为导向"，[17]高校按照自身的基础与社会需要，以现有的学科为基础，开展相应的师资队伍建设、基本条件建设以及教学计划、培养方案、教材和教学建设等的总和。

（2）专业品质建设。大学之大，不在校园之大，其大首先在于精神之大；高校之高，不在楼宇之高，其高首先在于品位之高。因此专业建设应以观念更新为先导，树立专业精神和校园文化。以师资建设为抓手，构建专业发展平台。教师是实现高校人才培养、科学研究和社会服务三大职能的重要资源。应以学科建设为基础，增强专业办学实力和服务社会的能力。学科建设是内涵式发展战略的基石和平台。应以人才培养为核心，提高专业的教学质量。

专业内涵建设有着丰富的内容，如专业目标、体系、内容、方法、管理建设等，其中最为核心的是专业课程建设。作为高水平专业应有独特的课程体系，其中至少包括三方面内容：一是特色化的课程设置，每个专业都有相应的专业教学标准，规定了本专业包含的公共基础课程和专业课程，专业课程又分为专业基础课程、专业核心课程、专业拓展课程，同时，在开齐专业必修课程的基础上，应推出更多特色化的选修课程，以满足学生个性化学习需求；二是师本化的课程内容，课程内容源自课程标准，作为高水平专业的课程内容都应经过教师的"二次开发"，实现课程与工作岗位对接，使课程内容与典型企业产品、工作任务以及技术发展有机融合，成为"得体合身"的师本课程；三是生本化的课程体验，课程不仅是"教"的载体更是"学"的载体，课程的价值最终也是通过学生的"学"来体现的，高水平专业课程一定是基于情境、源自活动的，其载体也一定是学生喜闻乐见的。

高水平专业"高"在专业内涵建设，内涵建设是专业建设的品质保证。在专业内涵建设上，高水平专业一定是以课程建设为纽带，从课标到课程、从课程到课堂、从课堂到课型，建构起特色、师本、生本的课程体系，进而形成独特的课程文化，并以课程文化为中心建构起包含管理文化、环境文化、专业建设愿景等在内的系统的专业文化，不断丰实专业建设的内涵。

（3）专业建设的核心要素是：培养什么人、用什么培养、怎样培养、由谁培养、需要什么条件以及如何保证。

1.6　总结与思考

本章介绍了与工程专业建设紧密相关的一些概念和术语，希望为那些致力于专业建设的青年学者提供便捷的参考，诚然信息时代的信息获取非常容易，但是网络提供的信息是碎片化的，尽管所整理的概念大多来自网络，但是将这些碎片知识通过加工整合呈献给读者，对读者快速掌握与专业建设相关常识是有利的。例如，如图1-5所示与认证相关概念的确认，其中，评估的核心在于鉴定课程体系与培养目标的契合程度，这里涉许多概念并不是所有老师都清晰的，而这些概念对致力于专业建设的老师来说是不可不知的。

图1-5 许可、认证和鉴定之间的关系

分阶段导师制　第二章

导师须是一个火把两头烧。

——陶行知

师也者，教之以事而喻诸德也。

——《礼记·文王世子》

牛津的导师："谢谢，你教会我如何去思考"。

——帕尔菲伊曼

2.1 关于导师制

2.1.1 大学生导师制起源

导师制（tutorial system）是一种教育制度，与学分制、班建制同为三大教育模式。大学生导师制教学管理模式源于14世纪的英国牛津大学，由温切斯特主教威廉·维克姆首创。本科生导师叫tutor，研究生导师叫supervisor。每个学生在入学之后都会被学院分配至少一位导师，负责指导学生的学业和品行。

牛津大学本科教学是以导师制为基础的，它不仅是牛津大学本科教育始终保持卓越教学质量的关键所在，而且也成为牛津大学根深蒂固的教学传统。导师制被视为牛津大学的核心特征。牛津大学导师制的核心思想就是：在教学方式上强调个别指导，在教学内容上强调德智并重，在学习环境上营造和谐、自由和宽松的氛围。

在英国各高校中，导师制主要有两种模式：一种是在以牛津大学、剑桥大学为代表的学院制大学中，导师一对一或一对多指导学生，以学业指导为主；另一种是存在于非学院制大学之中的职业式导师制，导师主要负责解决学生遇到的学业、生活、心理、情感等方面的问题，侧重对学生的全方位指导。[9]

2.1.2 中国大学生导师制的兴起

1929—1931年曾留学英国牛津大学的浙江大学原训导长费巩教授，最早把大学生导师制从牛津带到了中国。费巩教授回忆："英国牛津、剑桥等大学之学制，与吾国现行大学学制完全不同。学生作业，不重于上堂听讲，而重于导师指导。大学生依其所专攻，随指定的导师进行研究，课业品行均由导师负其全责。导师为教授或讲师，期间也授课，每周最多1~2小时；或为各学院研究学者，并

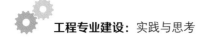

不公开授课。大学教师主要的任务为任学生导师，授课乃其次要。每一学生不止一名导师，按其专业所分的门类，可有导师数人，而任导师者所收弟子，多或20~30人，少则数人或十余人，分2~3人为一组，每周接见一次，命题作文，指示应读之书，批改课卷纠缪指正之外，相与探讨辨难，导师发问，诱导学生思索，学生质疑，乃得导师薪传。"根据费巩的回忆可知牛津、剑桥的导师制的核心内容可归纳为四大特点：重导师指导、重博览群书、重思想见解、重因材施教。费巩教授主张我国高等教育应引入牛津大学的导师制，以提高大学生的综合素质。[10]

在20世纪90年代后期，随着本科教学改革的不断推进，学分制、选课制在重点高校中的普及，大学生选课的自由度与学习的自主性得到进一步扩大，帮助大学生根据未来经济社会的发展和科学技术的进步以及人才市场的需求，确立学习的目标，选择学习的内容，构建适应时代要求的知识与能力结构已成为高等教育的一项重要内容。我国高校在推行学分制的情况下，实行大学生导师制势在必行，这已是很多学者的共识。现阶段我国高校推行的学分制，已与选课制、导师制、学籍管理制度、学分互通互换制以及与之相适应的学生工作管理模式等有机地结合在一起。随着学分制的全面启动，建立适合我国高校的大学生导师制已势在必行。由此看来，导师制可以说是学分制顺利实施的制度保障之一。[11]基于本科生正处于自不成熟到成熟的阶段，有的学者甚至认为在本科生阶段实行导师制比在研究生教育阶段实行更有意义。浙江大学最早在我国实施导师制，2000年初，浙江大学全面推行大学生导师制，接着北京大学在2002年也推出了大学生导师制，2004年以来，清华大学、哈尔滨工业大学、厦门大学、南开大学、广东外语外贸大学和南京财经大学等依次推广开来，并取得了一定的成效。[12]

关于导师制的执行和争议在钱锺书先生的《围城》中被描述得淋漓尽致，现摘录几段供后续参考：①"在牛津剑桥，每个学生有两个导师，一位是学业导师，一位是道德导师，他认为这不合教育原理，做先生的应当是'经师人师'，品学兼备，所以每人指定一个导师，就是本系的先生；这样，学问和道德可以融贯一气了。"②英国先生只跟学生同吃晚饭，并且分桌吃，先生坐在台上吃，师生间隔得很。③"部里颁布的'导师规程草略'里有一条说：学生毕业后在社会上如有犯罪行为，导师连带负责！"鸿渐惊骇得呆了，辛楣道："你想导师制变成这么一个东西。从前明成祖诛方孝孺十族，听说方孝孺的先生都牵连杀掉的，将来还有人敢教书么？"④"哼，高松年还要我写篇英文投到外国杂志去发表，让西洋人知道咱们也有牛津剑桥的学风。不知怎么，外国一切好东西到中国没有不走样的。"辛楣叹口气道，想中国真厉害，天下无敌手，外国东西来一件，毁一件。"

尽管是小说，事隔近百年，现在看来依然如此。轰轰烈烈以学生为中心的导师制在走样，走样原因还是我们照猫画虎，对原产于牛津剑桥的导师制的内涵与外延不清楚。对牛津剑桥制定导师制时的社会现状的认识、需要以及当时的期望都未进行过切实的研究和考察，当时的情况至今几百年过去了，是否达到制定者的预期？这些均无从考证，那么当前实行导师制，我们至少要研究一下我们当下的社会现实、需要和期望。

2.1.3 实施大学生导师制的必要性

目前我国教育体制正处于改革阶段，国内许多高校均已实行了学分制，包含选课制、学分绩点制、导师制和聘任制等基本制度，甚至有的高校提出学生可以根据个人意愿自由转换专业。也就是说教育更强调尊重学生的兴趣，发挥学生的特长。因此，学生需要更多的个体化的辅导。导师可以协助学生有计划、有目的地去构建自己在学校所要学习的课程体系，系统地、完整地、有条不紊地进行自己的学业。大多数的学习方式传播的都是显性知识，就是能被总结进教科书的

知识。而导师制在施行的过程中，学生从导师身上学到的往往是很难提炼的隐性知识，比如为人处世的方式、想问题的思路、动态解决问题的能力、艺术化的领导技巧等等，而这些隐性知识对人才发展的促进作用更为显著。

此外，在学习中学生还有可能面对人际方面的困惑，或者对学校氛围和文化的理解产生偏差等问题。这些个人问题无法通过课程或工作坊（workshop）、e-Learning课程、做项目等常规的人才培养方式来解决。导师制采用"一对一"的指导方式，因此，特别适合解决学生学习和未来职业生涯发展进程中产生的各种个性化的问题。导师制中，导师的榜样（role modeling）作用、言传身教的力量是独一无二的，是绝大多数短期的、针对群体的人才培养项目无法替代的。

伟大的教育家孔子在两千多年前就提出教育要因材施教，这样教育才更有针对性、更高效。随着国家的发展，经济的繁荣，大学本科教育已经由原来的精英教育转变成了大众教育。在这种情况下，我们更需要强调教育质量。导师制的推行，有利于教师和学生的随时沟通，便于及时解决学生的个性化问题，可以促进学生的个性发展，激发学生的创新思维能力。

学校不仅承担着传授知识的重任，同时还具有不可推卸的育人职责。尤其我国现在的在校大学生绝大多数都是独生子女，他们个性很强，自我意识很重，在这种形势下，导师不仅可以从学业上给学生以指导，同时可以观察学生的成长，及时发现问题，及时解决问题，让学生在成长过程中少走弯路，快速成才。[13]

2.1.4 现阶段导师制的主要问题

（1）导师与学生配比不合理。根据教育部门户网站历年给出的统计数据，我国普通本科院校专任教师与学生配比平均在1：14左右。在英美国家的高校，教师与学生配比大概为1：5左右，相比之下，我国高校教师资源相对缺乏。

（2）师生代差明显。由于代差的存在使得师生对许多问题的看法不一致，在没有现实动因的情况下很难形成理想的导师制。此外，大一新生有强烈的"成人意识"，时刻期盼摆脱家长和教师的"束缚"，处处要表现自己已成了大人。但在处理问题时则表现出诸多的幼稚和无知，积极主动寻求导师支持的不多，更多依赖同学们的帮助。

（3）教师对实施导师制的动因不足。现行评价制度使得导师本人对本科生的指导重视程度不够。目前许多大学实行非升即走政策，而评价更多倾向于考察教师的科研能力，因此，许多高校教师将工作重心放在发文章、做项目上，将导师制实行的重点放在博士、硕士研究生的指导上，对本科生导师制重视不足，对本科生的指导过少，甚至使本科生导师制流于形式。[14-15]

（3）本科生导师制度不够完善。许多试点本科导师制的高校没有一套完整的包含选拔、聘任、评价、激励、考核及具体工作职责的本科生导师制度。比如，本科生导师给学生导什么？导到什么程度？导多长时间就算完成了工作职责？许多试点的高校没有明确的、细化的标准，导致本科导师制的实施不能达到预期目的。

2.2 分阶段导师制的提出

大学学习生活共分四年，依据学生在大学四年中的身心变化情况和学习生活与成长需要，可将这四年分为三个阶段，第一阶段是大一，第二阶段是大二、大三，第三阶段是大四。下面分别叙述适用于这三个阶段学生的导师制。

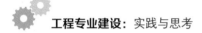

2.2.1 大一阶段的导师制

大学校园里丰富多彩的文化生活，各种社会活动，为大学生成长开辟了广阔的天地。每个大一新生都希望参加社会交际，与其他同学建立各种联系，这对大一新生个性完善和成熟大有好处。但到了大学后，由于彼此都还陌生，相互间不太了解，在交往中，自我保护意识很强，同学之间交往比较谨慎，情感得不到及时表达或不能充分表现。因此，大一新生在校喜欢找老乡或高中同学交际，这就是他们人际关系还没适应的一种具体表现。尽管大一新生对大学的学习抱有强烈的好奇心，但经过对大学课程的接触，由于教学内容、方式和手段与中学时有很大差异，长期习惯于学生和教师捆绑式的鸟儿喂食的教学方法的大一新生开始感到茫然，不知所措，很难在短时间里找到适应大学阶段的学习方法，导致大量出现考试不及格现象和退学试读比例上升，这足以说明大一新生对大学的学习生活存在很大程度的不适应性。

大一新生刚刚接触所学专业，对专业特点、专业要求和专业发展不了解。在填报志愿时，有的出于感兴趣，有的出于赶时髦，也有的则是听从家长意愿，学生们对是否热爱自己的专业、能否充分发挥他们的专长还不清楚，致使有些学生对专业课学习浮于表面，缺乏深入学习的自觉性和创新精神。个别学生因对某些课程缺乏兴趣而被动应付，专业知识掌握不扎实直接影响了专业人才的成长。

由上述可知大一新生有强烈的摆脱教师和家长说教的心理倾向，此时安排大学教师，尤其是年长教师担任学生导师的弊大于利，原因是年龄差形成的代沟导致双方很难沟通，由于代沟也导致教师很难成为大一新生的朋友，教师对大一新生的心理把握不到位，说教为主的指导很难得到学生的共鸣。吉林大学工业工程系大一新生实行的是学友导师制，学友导师选自大四学生，或者是硕士研究生和博士研究生，其优点是由于学生之间年龄差距不大，容易沟通，容易成为朋友，能满足这个年龄段学生对交友的渴望。学友导师的职责是帮助大一新生熟悉大学的学习环境和学习方法，了解专业状况以及未来发展。经过培训的学友导师满足了大一新生对交友和了解学校学习环境的渴望，也能帮助大一新生尽快适应大学生活。而学友导师的积极性大多很高，这一制度同样满足了学友导师的交友渴望，锻炼了学友导师的社会责任感。

2.2.2　大二、大三阶段的导师制

大二、大三阶段实行以教师为主的导师制，通过大一阶段的学习，同学们逐渐了解了所在大学的基本状况，那么这个阶段的学生如何导，以及导什么是我一直在思考的问题。通过研究笔者提出两个策略，第一个策略旨在建立师生利益共同体，只有师生具有相同的目标和追求这个共同体才能建立起来，也才能导下去。为此吉林大学工业工程系建立了以创新教育为载体，以竞赛为驱动力的师生研究共同体，以运筹学课程设计、工效学课程设计、物流与设施规划课程设计以及工业工程综合课程设计等课程设计为背景建立了旨在培养创新能力的数学建模大赛、机械创新大赛和工业工程案例大赛的导师团队，此时，师生在各类竞赛中的共同发展是导师制建立的基础。第二个策略是以教师需求导向的导师制，将学生按照一定原则分配给有需求的教师，让学生参加教师课题组的研究活动，此时，学生能力和导师需求是导师制建立的基础。能力一般、没有学习愿望的同学实际是得不到良好指导的，这与其他学习环境一样，即使在课堂上，学生没有积极的学习态度，教师传道授业解惑的作用也是体现不出来的。导师可在此过程中发现学生特长，并指导学生按兴趣和特长开展第二专业的学习。要询问学生在规划个人职业生涯时是否有第二学历的需求，如果有，在大三阶段应该开始进行选择。笔者所在学科是工业工程学科，这个学科是典型的交叉学科，学科为工管交叉，因此笔者倡导学生在力所能及的情况下选修第二专业，建立在工业工程方法

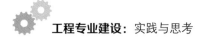

论基础上具有第二专业特长的学生将会具有更强的社会竞争力。

2.2.3 大四阶段的导师制

大四阶段以毕业设计小组建立起来的师生共同体趋于稳定，每一个学生都会被安排一个导师，这一阶段学友导师价值也被体现得淋漓尽致，这个时候大多学生在升学、就业等环节都会征求学长和师长的建议。有时大一所接触到的学友导师的建议会起到决定性的作用。

这一年同学们除了要完成计划中的课程外还面临诸多选择，是升学还是就业呢？就业选择什么样的职业，什么样的企业？读研是在国内还是到国外去呢？实习单位的选择，毕业论文的撰写，面对这些问题，导师的作用对一个学生的影响是不可估量的，导师可根据需要对学生进行实时的因需指导。

2.3 总结与思考

吉林大学工业工程系执行导师制多年，实践表明分阶段实施导师制具有优势，即，在大一由高年级学长担任学友导师，学生在同一年龄段，有更多共同语言，也可以克服学生羞于、怯于见教师的问题。大二、大三根据本专业的课程设计安排，为学生配备导师，指导学生参加各类比赛，这时师生有共同的需求，学生有发展需要，教师需要完成教学任务，需要通过带领学生参加比赛提升自己，师生在这一点上产生共鸣，因而取得的效果颇佳。大四这一年学生需要做出许多选择，如升学、就业以及留学等都需要教师给予指导，大一阶段的学友导师通常也会给予积极的建议。分阶段导师制并不是最优方法，因为，在大二、大三阶段部分学生是没有导师的，但这种方法确实是一种可行的，也是最为行之有效的方法。

人才培养模式探索　第三章

培养人，就是培养他对前途的希望。

——马卡连柯

一年之计莫如树谷；十年大计莫如树木；终身大计莫如树人。

——《管子·权修》

硬塞知识的办法经常引起人对书籍的厌恶；这样就无法使人得到合理的教育所培养的那种自学能力，反而会使这种能力不断地退步。

——斯宾塞

随着高等教育改革的不断深入，人才培养模式改革已成为高校教学改革的重点与难点。2004年12月，时任教育部部长周济在第二次全国普通高等学校本科教学工作会议上指出："深化人才培养模式改革，关键是以社会需求为导向，要坚定不移地面向经济建设和社会发展的主战场，培养大批社会需要的各种类型的高质量人才。"[16]这为高校专业人才培养模式改革指明了方向，并提供了良好的契机。

工业工程（industrial engineering）是一门"直接以系统效率和效益为目标"的工程技术，是自然科学和社会科学的交叉学科。现代工业工程集成了信息技术、制造系统工程、工程心理学、工程生理学、工程经济学、环境科学等诸多的高新技术，成为一项社会共性技术。工业工程起源于制造业，服务于制造业，它是研究如何提高制造系统的效率与效益的学科，迄今为止，所有发达国家的实践证明，工业工程的普及应用是新型工业化的必经之路，是坚持以人为本、协调发展的基础。近年来，随着改革开放的不断深入，特别是我国加入WTO后，企业面对的是世界同行的竞争，这就更加迫切需要既懂技术又懂管理的复合型的工业工程人才。工业工程在我国是一个年轻而又蓬勃发展起来的工程与管理科学相交叉的学科，它伴随我国制造业的发展而发展，近十年工业工程在我国发展迅速，国内已经有近178家大学申请了工业工程专业，然而由于学校基础不同、层次不同，办学理念及培养模式也不同。

吉林大学于2000年在机械制造与自动化学科基础上着手组建了工业工程专业，实现了从本科生、硕士研究生到博士研究生培养的连续跨越。专业成立之初，学生的培养模式是按照机械类四年制本科培养模式进行的，随着时间推移，出现了一系列问题——专业定位在哪里？培养什么样的学生？采用什么样的课程体系实施培养？带着这些问题，笔者在实践中不断探索和深入研究，密切结合吉林大学工业工程专业的教学实践，从市场需求、大学精神和职业生涯规划导向三个角度，阐释了工业工程专业人才培养模式，并提出了实现这三种模式的具体措施。

3.1 市场需求导向型人才培养模式

众所周知，制造业是我国当前国民经济发展的命脉，为了符合国民经济发展的需要，我国高校的工业工程专业应以培养制造业亟需的工业工程人才为己任，因此，吉林大学工业工程专业人才培养目标定位于培养既懂工程技术，又掌握管理科学知识的高素质人才。为了实现这一目标，我们以课程设置为着眼点，提出市场需求导向型人才培养模式。

图3-1给出了企业对人才需要的4个层次，因为工业工程培养的是既懂技术又懂管理的复合型人才，完全适合如图3-1所示企业的需要。为了使学生适应社会的能力更强，我们在课程设置上做了更多改善，加强了该专业的工程学专业基础课的设置，可以说，吉林大学工业工程专业的毕业生完全可从事机械设计与制造领域的工作，不同的是他们会带着改善与创新的观点、系统与优化的观点、人因的观点、质量的观点、成本及效率的观点从事企业所需要的机械设计与制造的科研和管理工作。但是，从这几年学生的毕业去向和所从事的岗位来看，学生在学校学到的技能没有得到充分的利用。从去向上看：电子产品制造业占一半，机械产品制造业占一半，服务业没有。从岗位上看：用人单位大都把学生放在了生产管理部门，很少有开发学生的专业潜能的。这有两方面的原因，一是用人单位对工业工程专业的"工程特性"认识不清，另一方面是学生更愿意从事管理工作。为适应上述市场需要，在我们的教授专题讲座中增加了电子产品制造工艺、板卡制造工艺的内容，实践环节增加了到汽车电子厂实习的环节。为适应企业把学生分配于管理岗位的需要，我们加强了学生的团队精神训练，具体措施为：在专业课中设置由团队完成的大作业，专业课的课程设计及实习环节中的任务也由团队来完成。具体实施方案如下。

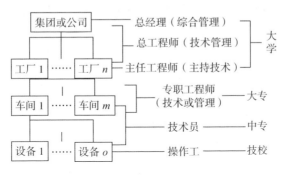

图3-1　企业对人才的需求层次

首先是大作业的组织。即将全体学生分成若干组，每组所需完成时间不同，由三到五人组成，并由组员轮值组长，负责制定计划、实施分工、召集讨论等。每组周末写出工作总结，这作为其工作考核依据的一部分。考核成绩由论文内容、答辩、小组成员个人的总结、自评和互评组成。如果指导教师仅仅根据论文及其答辩内容给出成绩，往往评价不是很全面，而且学生比较多，教师很难了解每个人的工作状况，尤其对于合作完成的项目，自评与互评的排序是客观的。最后的成绩根据论文、答辩和自评与互评的排序给出，比较客观。

其次是专业课程设计的组织。传统的专业课程设计都是由指导教师拟定题目，学生被动设计，效果不尽如人意。我们提出市场需求导向下的课程设计拟题方法，即教师启发式自主选题。这种选题方法兼顾了学生职业取向，不仅提高了学生参与的积极性，而且提高了学生的独立思考能力、观察问题能力和创新能力。专业课程设计的组织及考核方法与前述大作业的组织及考核方法相同，不再赘述。

最后是实习和实践环节的组织。通过组建团队，到企业去实习，并为企业解决生产实际中的问题，即任务驱动型实习。执行方法为：指导教师首先和拟实习企业有关部门沟通，了解企业目前所面临的主要生产问题，然后让学生按自愿的方式组建团队，每个团队分配一个问题，让学生带着问题到企业中去实习，收集资料，研究问题，提出解决问题的方法，并形成课程设计研究报告。考核方法

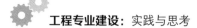

为：自评、互评、答辩。答辩委员会由现场专家和学校教授组成，最高成绩为团队成绩，个人成绩由队员按贡献大小互评决定。任务驱动型实习培养了学生解决实际问题的能力，已取得了显著成效。

3.2 大学精神导向型人才培养模式

3.2.1 大学精神

大学，英文为university，和它相关的两个词分别为universe 和universal，前者意为宇宙，后者意为普遍的、普世的。这几个相互关联的词为我们理解大学精神提供了线索。

第一，独立之精神，自由之思想。这是陈寅恪先生为王国维写的碑文上的一句话，大学精神就是"自由之思想，独立之精神"。"自由之思想"是说大学是一个自由思想、自由探索的地方。"独立之精神"是说大学必须具有独立品格，有独立于权力和金钱的自主性。在真正的大学中，你能感受到学术的高贵、学者的尊严。大学阶段是一个人思想的启蒙和形成的关键时期，在这一时期学生能够发现自己的兴趣、爱好、特长，同时懂得处理各种各样的人际关系，懂得独立自主思考，学会遵守规则和创造规则，可以博览群书拓宽视野的边界，触及思想的结界，塑造完整的人格。

第二，人文精神：人文精神这个词，在西文里面讲或许就是Humanism。Humanism这个词，在西方文化里有狭义和广义之分，狭义是指欧洲文艺复兴时期的一种思潮，广义上是指由西方哲学所培育的那种欧洲的精神文化传统。从广义的理解中，可以认为人文精神这个概念表达了西方从古希腊开始一种精神文化传统，它的主要的精神就是尊重人，尤其是尊重人作为一种精神存在的价值。因此，一般意义上人文精神的主要内容有：①以人为本，关心人类命运，关心人，照顾人，重视人，尊重人。②人类的文化，如科学、艺术、数学、物理、医学、哲学等等不同形式文化的传承。③人类文明史上最伟大的思想，最先进的科学，最健康、优秀、核心的文化内容。

第三，科学精神。科学精神就是实事求是、求真务实、开拓创新的理性精神。理性与实证性是科学精神的核心，探索与创新是科学精神的活力。遇到不可思议的事情，要能够追本溯源，究其根本。甚至体会孔子那种"朝闻道夕死可矣"的求知精神。要学会严谨的科学实验思维，培养开放性的分析综合能力，透过现象看到本质，对待学术要严谨，精益求精、实事求是。人类如果没有发明的方法，就不可能有对真理的追求有着飞跃的进步。

大学精神超越了不同专业和学科，它是不同的专业和学科都要遵循的一些基本原则和治学态度，它是通过传授普遍知识而不是专业知识而获得的。它培养的是有教养的公民，是头脑理性，言谈优雅、举止得体的"绅士"，而不是目光短浅、惟利是图的功利主义者，也不是有技术没文化的"新野蛮人"。因此，大学教育应该特别重视通识教育、人文教育。

美国教育家、芝加哥大学校长赫钦斯在他的《通识教育》（又译作《普通教育》）中对通识教育进行了详细的阐释。

首先，关于通识教育的意义，他写道："如果没有通识教育，我们决不能办好一个大学。"因为通识教育是把大学里不同专业和学科的人联系在一起的，一种"共同的理智训练"，"共同的观念基础"是大学这个学术文化共同体的联系纽带。

其次，关于这种通识教育的用处，他写道："通识教育是对每一个人的教育，不论他是上大学还是不上大学，如果他永远不上大学，它同样是有用的。"在他看来，通识教育可培养人的"理智的美德"，这种美德具有"更深刻、更广泛的效用"。

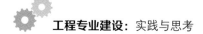

关于人文教育的重要性，爱因斯坦认为，一个大学不大可能因为社会生活的五花八门的要求而忙于搞各种专业训练，也不应该跟着这种需求亦步亦趋地追时髦。他说："如果青年通过体操和走路训练了他的肌肉和体力的耐劳性，那么，他就会适合任何体力劳动。"思想的训练也是一样的道理。学校的目标始终应当是：青年在离开学校时，是作为一个和谐的人，而不是作为一个专家。

3.2.2 大学精神导向下工业工程专业的培养模式

通识教育与专业教育的有机结合是实现大学精神导向下工业工程高层次创新人才培养目标的必然要求。为此，本书提出通识"加"的工业工程专业培养模式。这种培养模式共有两种策略：一种是通过课程体系实现的，即通识课加核心课加专业选修课，详见第五章；另一种是通过改变学制实现的，即采用本硕连读5年制工业工程专业的培养模式。

综观国内外，美国的工业工程专业在工程学院，前两年的大学教育是不分专业的，后两年开始相应的专业教育，另外，美国淡化研究生入学考试，大多以推荐、自荐为主。我国现在的本科生教育实行的是四年制，前三年的教育主要是打基础，第四年才有可能进入教授的课题组接受导师制培养，但是现状却是实际只有前三年有效率，第四年学生们忙于找工作、考研，主要精力并没有放在专业领域的学习上，根本没有心思进行系统的专业学习。为了解决这种问题，吉林大学工业工程专业实行了通识教育基础上的宽口径专业培养。

工业工程专业中，工程与社会科学的学科交叉性质非常明显，实行本硕连读、中期淘汰是比较适宜的一种教育模式，即按前三年的学习成绩排名自然淘汰三分之一或一半学生，其余直接进入硕士阶段的学习。通过这种教育模式的实施，可以真正实现本科生在没有考研和就业压力下进入教授的研究室，从事创新性科学研究。另外，也可以解决由于硕士研究生学制缩为两年所导致的硕士研究生培养质量下降的弊病。

3.2.3 大学精神导向下工业工程专业的课程设置

为了在工业工程专业人才培养中贯彻大学精神之培养，吉林大学工业工程专业在大一为学生开设一门"工程基础与设计思维"课程，本课程的近期目标是使学生对科学、技术以及工程学科的内涵有较为完整、系统的认识，掌握未来工程师所需的各种技能，明确今后的学习目标和努力方向。远期目标是塑造学生的工程师责任意识和工匠精神，掌握工程师解决复杂工程问题的方式和方法，提升学生的工程素养，并助力其走上工程师之路。

该课程的知识体系如图3-2所示。其主要内容可概括为三大部分，即工程通论、工程素养和工程方法论。[19]

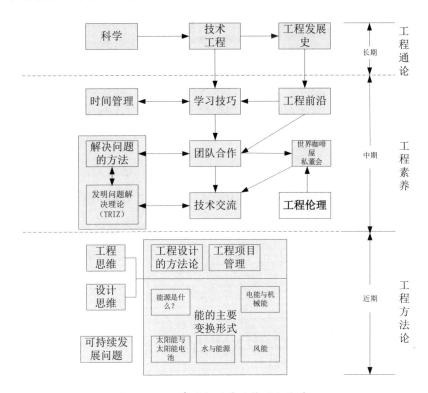

图3-2 工程基础与设计思维课程体系

工程通论主要介绍什么是工程、科学和技术，工程科学发展史，工程师与科学家的区别，各类工程师的职业范畴、社会分工及其实现模式等。这部分内容旨在使学生掌握工程和科学的基本常识，拓宽学生的知识面，为学生入校后的专业选择和未来的职业规划提供参考。

工程素养包括学习技巧、时间管理、团队合作、技术交流以及工程伦理等内容。工程伦理主要介绍作为工程师所应遵循的基本道德准则。一个合格的工程师不仅应具有专业知识和技能，还应具有基本的非技术性的素质。这些基本的非技术性的素质涉及适应和处理人、社会、自然系统诸方面的关系。由于这些素质会通过经济、道德、法律，艺术和传统习俗等不同形式表现出来，因而与专业素质一起构成了工程技术人才的整体素质。另外，随着科学技术的发展，人们干预自然的能力越来越强，人与自然的关系日趋对立。面对这一严峻的现实，人们在工程实践活动中不得不审慎地关注人、自然、社会之间的关系。此外，英美各大学普遍开设了工程伦理课。而我国目前在工程活动中出现的大量不负责任的行为，正反映出工程技术人员伦理意识的缺失。对在校工科学生加强工程伦理教育，是塑造未来高素质工程技术人员必不可少的环节，是体现工匠精神的有益实践。

工程方法论概括介绍了诸如解决问题的方法、大数据思维、工程设计方法论以及项目管理和可持续发展等内容。由这些内容的设置可见，解决问题的方法体现了大学生创新能力的培养；大数据、设计思维，以及工程交流方法等内容的设置，则为大学生创新能力之培养提供了工具，进而体现大学的学术精神。

3.3 职业生涯规划导向型人才培养模式

工业工程专业人才培养模式既要注重社会需求导向，诠释大学精神内涵，又要突出以人为本的办学理念。职业生涯规划导向型人才培养模式能够充分体现个人成功、组织发展和社会进步三者之间的和谐。对于该模式的理解需要强调以下三点：一是高校人才培养目标的确定必须以适应我国市场经济社会的需要为前提，目标的实现以促进我国市场经济社会的和谐发展为归宿；二是职业生涯规划原则的确定过程，既要借鉴成熟的职业生涯理论，又要从权变的角度分析问题，密切结合我国市场经济社会动态需求；三是高校人才培养目标的实现需要运用目标管理理论，并在以人为本的职业生涯规划原则指导下，实施有效的目标分解、运行与控制。[18]以下是该模式的具体实施路径。

第一，完善个人职业生涯开发体系。首先是开展职业测评。职业测评分为自我测评和生涯机会评估。自我测评是对自己做全面测试分析，进而认识自己、了解自己的过程。其目的是寻找实现职业生涯目标的路径，为职业生涯目标的实现提供科学依据。生涯机会评估是针对环境条件的特点、环境的发展变化情况、个人与环境的关系、个人在环境中的地位、环境对个人提出的要求以及环境对个人有利条件和不利条件等的评估。进行生涯机会评估时可以采用PEST（指：政治、经济、社会、和科技四个维度）和SWOT（指：优势、弱势、机会、威胁四方面）等分析工具。其次是确定职业生涯目标与路线。通过自我测评和生涯机会评估，在充分了解环境机会与威胁、个人的优势与劣势的基础上，扬长避短、趋利避害，从个人的价值观、信念、成就动机等角度，遵循SMART〔S（sepecific），具体的；M（measurable），可衡量的；A（affainable），可达到的；R（relevant），相关性；T（time-bound），截止期限〕原则，确定职业生涯目标，然后实施目标分解，制定以目标为导向的职业生涯路线。需要强调的是，根据自身的情况与环境因素的变化，职业生涯路线可能出现交叉与转换。再次是激发和强化个人潜能。激发和强化个人潜能是大学生职业生涯成败的关键。在这一环节中，实行导师制是手段，指导生涯设计是前提，调整教学计划、改革

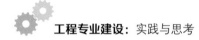

教学方法是保障。因此，在导师的指导下，完成审视自我、确立目标、生涯策略、生涯评估四个环节，落实以社会需求为导向的教学实施方案尤为重要。

第二，建立职业生涯管理体系。首先是强化高等教育理念。为了确保职业生涯规划导向的工业工程人才培养模式的实现，应该从重塑教育理念开始。以人为本的教育理念，强调个性化、多样化的培养模式，这已成为我校人才培养的基础。智能教育的教育理念，摒弃仓库理论，强调处理好传授知识与培养智能（获取知识的能力）的关系，这是我校人才培养的又一出发点。强调综合科学的重要性，强调文理科的互相渗透，注重理论与实践的结合，把人才的综合知识、综合能力和综合素质作为高校人才培养的重要内容。其次是提供相关制度保障，即改革招生制度，允许学生有充分的选择专业权利，有助于学生形成个人的核心竞争力；实行学分制，建立学生自主选课制，加强引导和管理，不断修正和更新大学生的人生和职业发展目标；完善学籍管理制度，实行学习年限的弹性管理，推动大学生创业机制的建立，从制度上支持大学生职业规划目标的实现。再次是加强职业生涯规划基础建设，即加强大学生职业生涯规划课程建设。课程建设是大学生职业生涯规划的基础。由于高校职业生涯规划理论是新近引入的，只有加强职业生涯规划理论方面的课程建设才能做好其他的相关工作，它是普及职业生涯规划知识的必由之路。应加强大学生职业生涯规划咨询平台建设。职业生涯规划具有个性化的特点，具体到个人的人生定位和职业道路选择的时候需要有个性化的咨询指导。高校现有的就业指导中心或者心理健康教育中心可以设立专门机构，承担职业生涯规划咨询工作。应加强大学生职业生涯规划队伍建设。大学生职业生涯规划关系到学校的人才培养质量，为保证做好大学生职业生涯规划，需要通过专、兼、聘等多种形式，建设一支以专职教师为骨干，专兼结合、专业互补、相对稳定的高等学校大学生职业生涯规划队伍。[19]

3.4 总结与思考

本章结合在吉林大学工业工程专业的教学实践，提出了高校工业工程专业人才的三种培养模式：一种是市场需要导向型人才培养模式，这种模式更多考虑的是当前我国制造业发展和国民经济建设的需要；另一种是大学精神导向型人才培养模式，这种模式更多考虑的是大学精神，旨在培养能为整个民族和全人类做出贡献的栋梁之材；第三种是职业生涯规划导向型人才培养模式，旨在实现个人、组织和社会"三赢"。这三种模式并不矛盾，在我们的教育实践中，已经将这三种模式有机地融合在一起。多年的实践表明，笔者所提出的市场需要导向型的工业工程专业人才的培养模式是成功的，因为，吉林大学工业工程专业的毕业生深受国内制造业主的欢迎。而笔者所提出的大学精神和职业生涯规划导向型的工业工程专业人才的培养模式正在实践中不断完善，旨在达成百年树人的教育目的。需要进一步值得思考的问题是：①培养模式是教师或教学机构的愿望，不一定是学生的发展需求，要使组织培养目标与学生发展需求和自身能力契合起来，才会实现更好的育人目的。在欧美国家，硕士阶段的教育是专业教育，不是学术训练，这种教育理念值得我们借鉴。新工科建设应遵从学科或专业发展规律，宜在本科通识教育结束后开展，布局1~2年制专业硕士教育，而双一流院校不宜打破通识，建立新的专业。②2000年以前使用苏联模式的专业教育，每一个专业1~2个班，专业管理不成问题，2000年以后开始效仿美国的通识教育，大量裁撤专业，机制、机电、液压、工程机械、矿机、化机等细分专业被合并成巨无霸的机械工程专业，加上扩招，机械工程专业学生人数多到难于管理的程度，矛盾逐渐显现，这个矛盾有教学管理上的，也有学生所学过于宽泛难于满足用人单位的需求。培养模式是系统性的，应该从中小学阶段的分级开始，到高等教育

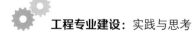

的分级，不同级别的学校其人才培养模式应该有所侧重。如985大学是否应该以通识教育为主？将人才培养目标定位在学术型，而211大学是否可以将人才培养层次定位在卓越工程师型呢，其他类型大学的人才培养模式是否考虑技术人员的培养？其次教学组织机构（系所）也应按照人才培养模式进行配置，不应千篇一律，系可以负责通识（专业）人才培养，研究所负责（学术）专业人才培养。

欧美大学组织机构是以一级学科为系级人才培养单位，实施通识人才培养，系级单位具有独立人事、财务权力，而我国大学的系级教学单位大多没有独立的人事、财务权力，院级单位为一级学科所在单位，甚至几个学院共建一个一级学科，如机械和汽车等学院配置，学院内实施通识人才培养，一个通识专业的学生人数太多，不利于教学组织，学生也很难找到归属感。此外，因系级教学单位没有独立的人事、财务权力，当系级单位承担人才培养任务时，因缺少人财物的有效支撑而带来人才培养质量问题就难以避免了。

课程体系设计的 第四章 工程方法

宽著期限，紧著课程，小立课程、大做功夫。

——朱熹

学校的目标始终应当是：青年人在离开学校时，是作为一个和谐的人，而不是作为一个专家。

——爱因斯坦

教育中要防止两种不同的倾向：一种是将教与学的界限完全泯除，否定了教师主导作用的错误倾向；另一种是只管教，不问学生兴趣，不注重学生所提出问题的错误倾向。

——陶行知

　　所谓设计在不同领域有众多不同的说法，但是不管哪种说法，其精髓都包括创新或"无中生有"这一要素，所以广义的设计不但包括工程设计，艺术家（如画家）、文学作家的创作都可以视为这种以"创新"作为主要工作的一种。因此，要在课程中体现"创新性"，良好的教学设计是必经之路。

　　大卫·乌尔曼认为工程设计过程包括发现产品、项目规划、产品定义、概念设计、产品开发、产品支持等阶段。[20]其中，发现产品、项目规划、产品定义、概念设计等步骤主要是分析产品的功能，而产品开发和产品支持主要考虑性能因素。乔治·E.迪尔特（George E. Dieter）将工程设计分为三个主要阶段：分析用户需求并转化为产品功能需求的概念设计阶段、将概念结构具体化的实体设计阶段和确定相应结构参数变量的细节设计阶段。[21]

　　加涅曾在《教学设计原理》中提出："教学设计是一个系统化（systematic）规划教学系统的过程。教学系统本身是对资源和程序作出有利于学习的安排。"[22]帕顿（J. V. Patten）在《什么是教学设计》一文中指出："教学设计是设计科学大家庭的一员，设计科学各成员的共同特征是用科学原理及应用来满足人的需要。因此，教学设计是对学业业绩问题（performance problems）的解决措施进行策划的过程。"赖格卢特（Charles M. Reigeluth）在《教学设计是什么及为什么如是说》一文中指出："教学设计是一门涉及理解与改进教学过程的学科。任何设计活动的宗旨都是提出达到预期目的最优途径（means），因此，教学设计主要是关于提出最优教学方法的处方的一门学科，这些最优的教学方法能使学生的知识和技能发生预期的变化。"梅里尔（Merrill）等人在其发表的《教学设计新宣言》一文中对教学设计所做的新界定值得引起人们的重视。他们认为："教学是一门科学，而教学设计是建立在这一科学基础上的技术，因而教学设计也可以被认为是科学型的技术（science-based technology）。"[62]

美国学者肯普给教学设计下的定义是："教学设计是运用系统方法分析研究教学过程中相互联系的各部分的问题和需求。在连续模式中确立解决它们的方法步骤，然后评价教学成果的系统计划过程。"[63]国际知名教学设计研究专家，荷兰的迪克斯特拉教授认为："教学是推动学习的一种有意识的活动，而学习即是对知识、技能和态度的获得。当一个人想接受教学或是当组织描述和认可的教学目标需要教学时，就必须对教学进行设计。"[64]完整地看，教学设计包括理念、计划以及为开发真正的教学必须和能够遵守的规则，即推进学习和达到教学开始前预期的学习结果的说明和任务分配。

4.1 课程体系设计的主要模型简介

模型作为一种反映事物变化特征、内在联系的强化的表现形式，它的应用可以将课程编制的各种复杂因素加以简化，从而显示出研究对象的特性和规律，以便人们认识和运用这些规律。框架只是一种形象表达，主要是为设计工作提供一种分析问题的方法，实际设计过程往往更复杂也更灵活，它可以通过多张表格的形式来分别操作。巩建闽等人在《课程体系编制研究与实践的路径与方法》一文中系统介绍了国外课程体系设计的5种模型和框架。[27]

4.1.1 泰勒原理与阿克塞尔罗德的分析模型

1949年，美国教育家、课程论专家泰勒（R. W. Tyler）提出了一个后来被学界称为"泰勒原理"的课程设计的四个基本原理，构成了对课程编制研究领域影响最大的理论架构，堪称现代课程论的奠基石。四个原理呈现一种线性关系（见图4-1），对应着课程编制时应该回答的四个基本问题：①学校应该达到哪些教育目标？②提供哪些教育经验最有可能实现这些目标？③怎样才能有效地组织这些教育经验？④怎样才能确定这些目标正在得到实现？[28]

图4-1　泰勒线性模式

　　泰勒原理的主要特征是将目标作为课程开发的基础和核心，具有"系统、完整，简洁明了，易于理解与把握"的特点，为课程开发提供了理性的分析思路。在泰勒模式的基础上，经过20世纪60年代关于课程问题的大论战和成批著作的问世，形成了现代课程论的基本体系。

　　1967年，惠勒（Wheeler）在泰勒的模式中引进了反馈功能，构成了圆环模式（见图4-2），提出了评价应能反映目标的要求，当预期结果与设计目标不相符时，应通过反馈获得的信息修正，甚至重新设计系统。

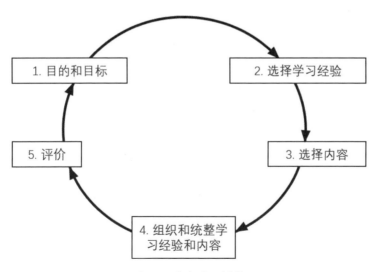

图4-2　惠勒圆环模式

　　虽然半个多世纪过去了，但只要涉及关键的问题，泰勒原理仍然具有重要的指导作用。但由于泰勒所关注的主要是初级和中等教育，再者，该模型在指导实践方面的可操作性不强，对于高校课程体系设计的帮助并不太大。[29]

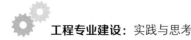

1968年，阿克塞尔罗德（Joseph Axelrod）提出的课程分析模型（见表4-1），给出了6个基本要素。其中3个为"结构要素"：内容、进度安排（schedule）和考核。3个为"实施要素"：学生集体与个体的交互作用、学生体验、自由与控制（freedom/control）。"结构要素"是课程体系的正式内容，而"实施要素"是在结构要素实施过程中发挥作用的非正式因素。[30]阿克塞尔罗德认为，"课程–教学"就像一个系统，无论采用任何方式，都不可能仅仅靠改变系统中的某个要素，就期望整个系统发生变化。虽然系统中的每个要素都具有一定的自治性，但要素之间也存在着某种关联关系，一个要素往往会受到其他要素的制约和影响。当我们想通过改进系统中的某个方面来获得成功时，必须对系统要素的关系进行深入分析。基于此，他认为课程的编制者首先要考虑表4-1中的15个有关的交互作用问题，不断地询问其中的每个要素与其他5个要素之间的关系。课程体系的编制者在引进某个新计划或增加课程时，要认真思考整个系统可能发生变化的程度和范围，注意某个课程的变更可能引发的系统变化。

表4-1　阿克塞尔罗德提出的15个要考虑的关系

		要素间的相互关系					
		结构要素			实施要素		
		内容	进度	考核	交互作用	学生体验	自由/控制
结构要素	内容		1	2	3	4	5
	进度	1		6	7	8	9
	考核	2	6		10	11	12
实施要素	交互作用	3	7	10		13	14
	学生体验	4	8	11	13		15
	自由/控制	5	9	12	14	15	

4.1.2　德罗塞尔的分析框架

1971年，德罗塞尔（Paul Dressel）给出了一个在高等院校院系层面上进行课程体系编制的分析框架，提出了课程编制时需要考虑的4个连续统一体和5个基本要素（见表4-2）[31]。课程连续统一体是指由不同课程模式依据其内在的逻辑关联和层次递进关系所形成的课程体系[32]。

表4-2　德罗塞尔的课程编制框架

四个连续统一体	
1.学生	学科
个性发展 行为导向 情感关注	内容的掌握 学科结构与方法论 学术的目标
2.问题、对策、行动	抽象、概念、理论
能力 现在和未来导向	文字表达能力 历史导向
3.灵活性、自主性	严谨性、统一性
适合个人的需要和兴趣	以学科需求和培养"一般"学生或完美学者为目标制订的计划和标准
4.贯穿于学习过程的整合、连续和统一	学习过程中的差异、矛盾和对立

需要考虑的五个基本要素：
1. 通识教育与专业教育；
2. 课程内容的宽度与深度；
3. 课程的连贯性和顺序性；
4. 教与学的理念；
5. 持续的计划编制和评价

表4-2中的4个课程连续统一体相当于构建课程体系时需要考虑的4个维度。德罗塞尔认为，院系在进行课程体系编制时，首先，必须对这4个连续统一体的倾向性逐个做出判断，确定课程体系在每个连续统一体中需要侧重的位置；其次，编制者要针对在每个连续统一体中所确定的位置，反复思考5个需要关注的

基本要素。课程连续统一体中的相应位置以及基本要素一旦确定，课程体系的特色也就体现出来了。例如，针对所确定的各个连续统一体中的侧重位置，要考虑通识教育与专业教育的比重和结构问题。一般而言，通识教育旨在培养学生的思维方式与思维能力，培养学生掌握不同学科的基础知识，学会一般的归纳、推理、分析、综合等方法；而专业教育则是围绕着学科和职业能力培养进行的深度教育，专业教育与通识教育中的能力培养必须结合起来。随之而来的，是要考虑知识的广度与深度的结合问题。

4.1.3 康拉德的框架

1978年，康拉德（Clifton F. Conrad）给出了一个由3个步骤组成的本科课程体系设计框架（见图4-3）[29]。

步骤一：选择一项课程体系的组织原则(organizing principle)
　1.学科(academic disciplines)
　2.学生发展(student development)
　3.研读名著(great books and ideas)
　4.社会问题(social problems)
　5.能力选择(selected competences)
步骤二：在如下的四个课程连续统一体中,确定课程体系要强调的重点
　1.学习场所：　　　　校园为主的班级学习——传统的课堂
　2.课程体系的内容：　课程的广度和课程的深度
　3.课程计划的设计者：　教师设计、师生共同设计和学生自主设计
　4.计划的弹性：　　必修课程、限选课程和选修课程
步骤三：构建课程体系的结构。(building a curricular structure)
　需要考虑如下事项：
　1.整个学位计划的需要,包含通识教育、专业教育和选修课程。
　2.可选择的学位计划,包括"提前结业"的学位计划、外校学位计划和学生自主设计的计划。
　3.专业计划安排,包括学科导向主修、跨学科主修、学生自主设计的主修和职业导向主修。
　4.通识教育的内容,包含核心课程计划、跨学科计划、能力导向计划和大一新生研讨会。
　5.实践学习,包括"工作－学习"和"服务－学习"计划、跨文化学习体验,为早期的学业成果和个人成长体验赋予学分。
　6.校历安排,包含年校历、周历和日历,以及组合模块(modular)和临时时间安排。
　7.正式与非正式的学习安排,包括从传统的教室到其他学院及日常生活中心的学习。
　8.个人的课程体验,包含提供的课程数量和课程的学科领域。
　9.全部课程的组成,从传统的课程到研讨会和自主学习。
　10.评价方法,从成绩评定、综合考试到对写作的评价和来自外界的评价。
　11.选拔学生的条件和建议。
　12.有关课程组织和管理的行政与财政职责。

图4-3　康拉德的课程编制框架

　　步骤一，选择课程体系的组织原则。这里的组织原则就是课程开发的指导思想，反映的是一种价值取向。它包括了美国大学在组织课程时所涉及的以学科为中心，以学生发展、以研读名著、以社会问题、以能力培养为导向的5个指导思想。尽管在传统上，大学是以学科为中心组织课程的，但近几十年中，其他4种价值取向在美国高等教育中也有了立足之地。

　　步骤二，确定课程强调的重点。编制工作的第二步是在4个课程连续统一体中，确定课程体系及各课程需要强调的侧重点，以确保实现课程体系的组织原则。

　　第一个连续统一体是"学习场所"。大学的课程在传统意义上主要是以课堂教学为主的，近年来美国大学也向学生提供了各种各样的体验式学习机会，许多课程已不再局限于传统的教室，而是介于课堂教学与体验式学习之间的某个侧重点上。第二个连续统一体是课程体系知识的广度与深度。广度涉及若干知识领域的一些基本事实、基本概念和基本知识，以及对一些知识领域的结构、学科研究范式的理解。通识教育课程一般侧重于知识的广度，知识的广度也可以通过学科导论课程来提供；深度通常指集中在某个学科或专业领域内的一系列相互关联的课程。广度和深度共同构成了该课程连续统一体的两极，关键是课程体系的侧重点是放在多个知识领域上，强调课程体系所涉及知识面的宽度；还是在某个特殊知识领域的深入探究上，强调学科知识的深度。第三个连续统一体是计划的编制者。大多数高校通常是由权威人士代表教师主持课程体系编制工作的，但美国高校也出现了"个人专业"：如果学校现有的专业不能满足学生需要，学生可以通过自己组合课程的方式设计专业，个人专业通常涉及多个学科，学生必须撰写出详细的专业设计，经院学位委员会批准后，学院根据新设专业组成跨学科委员会指导该学生学习，学生完成计划后可授予特别"专业"的本科学位[33]。这种由学生或多或少参与计划编制的模式为学生的发展提供了更为广阔的空间。第四

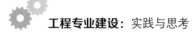

个连续统一体是课程计划的弹性，涉及必修课、限制选修课及选修课的构成比例问题。

步骤三，构建课程体系的结构。编制工作的第三步是构建课程体系的结构，框架中给出了12个需要考虑的事项。康拉德框架为建立在一定课程组织原则和强调不同侧重点基础上的课程体系编制提供了系统的分析工具，它避免了可能出现的课程大杂烩现象。

4.1.4 戴尔蒙德的设计框架

1998年，戴尔蒙德（Robert M. Diamond）为课程体系和课程编制提供了一个从理论到实践、从概念到操作的框架，该框架将课程与课程体系的编制有机地融为了一体，增强了框架的通用性和层次性。[29]

同大多数此类框架一样，该模型遵循明确的设计流程（见图4-4）：首先，从学生、社会和学科三个最主要的价值取向出发，对课程体系的需求进行分析和评价，对目标进行说明；其次，进行课程体系的编制、实施和评价；最后，通过反馈回路，根据实施和评价中发现的问题对课程体系进行必要的调整，以确保目标、教学和评价之间的相互协调。

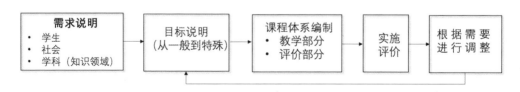

图4-4 戴尔蒙德框架的基本设计流程

该框架分为两个阶段（见图4-5、4-6）：第一阶段是课程体系的"方案选择和设计"；第二阶段是具体课程的编制，涉及具体课程"各单元的编制、实施和评价"。

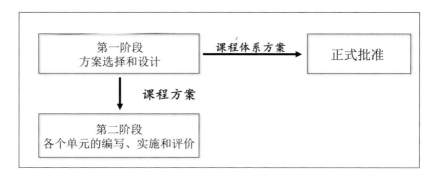

图4-5　戴尔蒙德课程体系编制过程（1）

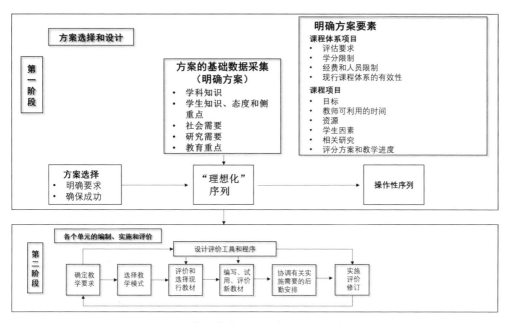

图4-6　戴尔蒙德课程体系编制过程（2）

　　戴尔蒙德的框架采用了顶层设计的思想方法，通过自上而下、从粗到细的逐步分解和细化，最终进入实际操作和实施阶段。随着编制过程的进行，目标从整体向着具体的课程目标、单元目标不断深入，所阐述的目标越来越具体。每门具体课程的设计、教学方法的选择、对学生的评价等都将以目标为依据。

　　（1）项目启动前的准备。戴尔蒙德给出了课程编制前应明确的两个重要问

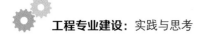

题：①课程编制是否有必要？②是否具备了诸如时间、人力等项目成功开展的资源保障？要知道项目的改革对谁更为重要，编制工作付出的辛勤劳动能否在制度层面上得到认可。只有明确了这项工作开展的必要性，落实了所有的关键环节，才能确保编制工作的成功进行。

（2）收集数据信息。戴尔蒙德的模型强调了数据驱动的思想，在设计前，首先，要收集设计中所需的各种数据，包括毕业生的反馈信息、社会的需求信息、相关学科知识领域的发展信息，以及在校学生情况、学校及院系的教育重点、教学评估机构的要求和相关研究成果等数据，通过相关数据资料的收集、整理和分析来确定课程体系与课程要研究的范围、内容等。

（3）从理想到现实的编制策略。戴尔蒙德认为，想象中的许多限制条件有时只是主观上的判断，并非是完全不可逾越的障碍，如果被想象中的不利因素所束缚，创造性和开放性的思维就会受到限制，就有可能得到一个质量较差的设计方案。因此，他主张在"理想状态下"进行课程编制，以消除认识上可能存在的局限性。"理想化"设计阶段的主要任务是在方案中将各主要教学环节和各种相关因素按照一定的顺序和关系组织起来，这是一个复杂的过程，不仅要考虑总体目标，还涉及各因素之间的联系，以及如何实现等问题。

（4）可行性测试。理想阶段的编制工作基本结束后，就要根据实际情况进行调整。这是一个可行性的测试阶段，其依据是现实的资源和实际条件，以及理想状态与实际间的差距。

课程体系编制要确定的是选择哪些课程，而具体课程的编制要确定的是教学内容、教学环节、课外学习计划和活动等。两者之间在细节、目的以及需要考虑的因素上必然存在着差异。

戴尔蒙德的框架强调：①评价方案设计与课程编制应该同步进行，而不是放在最后。②高校的教师往往要么不愿制定目标，要么将目标制定得过细。为此，可将目标问题转化为"如果我是学生，怎样才能使教师确信我已达到了要求？"这是避免在目标设置过程中存在上述两种倾向的方法。③课程体系中的各门课程之间，以及不同部分之间存在着逻辑关系和整体性，具体课程的内部知识之间也同样存在着逻辑关联，这是在编制过程中需要特别关注的问题。

4.2 课程体系设计所应遵循的原则

4.2.1 聚焦目标原则

（1）聚焦专业目标、使命和愿景；

（2）遵循学科内涵；

（3）服务社会。

学校的发展目标不应该仅考虑国家需求和学生需求，教师是学校教学与科研的主体，因此更应该考虑教师的需求，至少不应该忽视教师的需求，对教师要做到人尽其才，物尽其用，充分发掘教师们的爱好和特长，设置好每一门课。

中国大学的系所是实际的办学主体，但是大多不具有人事、财务等自主权，这些权力在学院。这是中国大学办学质量难以提高的一个矛盾点。本书认为：最佳做法是按照欧美的做法，设置学术管理机构。

学院是一个基层组织平台，是学生培养的具体载体，是教师工作的平台。但是大多数中国大学的学院，与国际上欧美大学的学院不同，欧美学院更大，办学实体在学科、专业系所，中国的学院是一层行政机构，它的氛围环境与教师发展、人才培养紧密相关。

课程建设任务最后会落到三个部门中：教研室、研究所和实验室。但是目

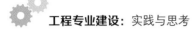
前问题是课程建设大多落到了教师个人身上，实验室的教师大多不具有课程开发能力。笔者的建议是包课到所，实现科学研究与教学过程的统一。

教研室可以联合具有相同或相似使命、愿景和目标的高校共同组建虚拟教研室；而实验室和研究所可以成立联合实验室或联合研究中心，为学生能力的培养提供服务。课程体系目标与课程体系开发内容的关系如图4-7所示。

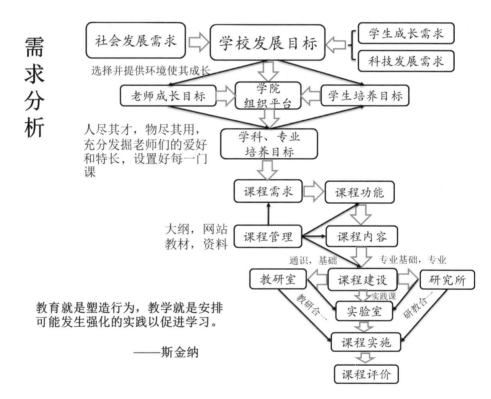

图4-7　课程体系目标与课程体系开发内容的关系

4.2.2　期量控制原则

期量标准（standard of scheduled time and quantity）是生产计划与控制中的术语，期量标准又称作业计划标准，是指为制造对象在生产期限和生产数量方面所规定的标准数据。先进合理的期量标准是编制生产作业计划的重要依据，它是保证生产的配套性、连续性，充分利用设备能力的重要条件。

期量标准在生产计划与控制中是绩效指标，它要求在生产安排过程中充分考虑自然时间和人的能力的限制，在该限制下合理安排生产进程。生产计划与控制中的期量标准同样适合教学过程的安排，这个限制是对学生学习时间与学习负荷的考虑。

关于课程体系期量标准的研究文献很少，因此，这里通过对比英国大学课时与学分的方法予以说明。

在英格兰、威尔士和北爱尔兰，获得荣誉学士学位通常需要三年的全日制学习，通常需要修满360学分，其中至少90个学分达到6级（学士学位的最后一年），普通学士学位通常需要修满300学分，其中60个学分达到6级。

而在苏格兰，获得荣誉学士学位需要四年时间，需要480学分，至少90学分达到10级（本科阶段最后一年），90个学分达到9级（本科课程倒数第二年），而普通学位需要修满360学分，至少60个学分达到9级。

英国的高等教育一年分为三个学期，每年需要修够120个学分，这样平均到每个学期，需要修够40个学分，而一般一门课程是10学分，少量课程是20学分，也就是说每学期学生需要完成4门课的学习。

课堂教学部分（the taught component）：120学分/1 200 h学习时间，大部分英国大学的课程要求每一个contact hour（指有教师指导的教学时间，包括讲座、研讨会、实验课、辅导等）需要3～4 h的自学时间来支持，因此，课程部分的时间大概只有200～300 h，其余都是自学时间（individual study time）。[34]

例如，埃克塞特大学会计与金融专业的高级财务会计（advanced financial accounting）这门课，占15个学分，每个学分需要10 h的学习时间，课程大纲中就注明了，整个150个学时包含30 h的课时（其中有20个课时lecture和10个课时的tutorial）和120 h的自学时间（guided independent study, reading and preparation

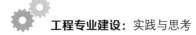

for tutorials，workshops and assessments）

中国大学课时与学分的计算方法是：通常专业课每门32学时和4学时的实验，占2学分，每一学时是45 min，一次课90 min，中间休息10 min。这个学时专指上课（lecture）时间，而不是指学生的学习时间。在中国学时更大的用处是对教师工作量的评价和课时薪酬发放的计量单位。对学生计量的是学分，而不是学习时间。

对比两张中英两国大学的课程表（表4-2和表4-3）可以发现：①英国大学周六周日一定是没有课的；②英国大学在每天的18点以后一天的课堂教学就结束了。而中国大学对休息日的界限并不清晰，通常根据需要安排课程，并且课程通常持续到21：30。

表4-2　吉林大学机械类秋季学期课程表

学院：机械与航空航天工程学院　　　　专业：机械工程　　　　2022—2023学年第1学期

节次/星期	星期一	星期二	星期三	星期四	星期五	星期六	星期日
第1节~第2节 08:00~09:35		空间机构学 8~12周	机械设计A 8~18周	工程流体力学B 8~14周			空间机构学 8~12周
第3节~第4节 09:55~11:30	机械设计A 8~18周	有限元与计算方法 8~12周	机械精度设计基础A 8~17周	微机原理与接口技术 8~16周		热流体工程学I 8~17周	管理学基础 2~4周
第5节 11:35~12:20		有限元与计算方法 8~12周	机械精度设计基础A 8~17周	微机原理与接口技术 8~16周		热流体工程学I 8~17周	管理学基础 2~4周
第6节~第7节 13:30~15:05	机械工程控制基础 7~13周	工程流体力学B 8~14周	工程流体力学B 8~14周	机械工程控制基础 7~13周	嵌入式系统应用 7~16周	机电产品实习与实践 1周	
第8节~第9节 15:25~17:00	机械精度设计基础A 8~17周	微机原理与接口技术 8~16周	微机原理与接口技术 8~16周	有限元与计算方法 8~12周	机械精度设计基础A 8~10周	工业工程概论 12~15周	微机原理与接口技术 8~16周
第10节 17:05~17:50	机械精度设计基础A 8~17周	微机原理与接口技术 8~16周	微机原理与接口技术 8~16周	有限元与计算方法 8~12周		工业工程概论 12~15周	微机原理与接口技术 8~16周
第11节~第12节 19:00~20:35		3D打印与实践 9~16周	管理学基础 2~4周	工业工程概论 12~15周	管理学基础 2~4周		
第13节 20:40~21:35		3D打印与实践 9~16周	管理学基础 2~4周	工业工程概论 12~15周	管理学基础 2~4周		

注：加粗课为选修，部分同学有课。

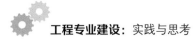

表4-3 谢菲尔德大学机械类大二秋季学期课程表

2/10/22，10：30 pm

	Monday 10 October 2022	Tuesday 11 October 2022	Wednesday 12 October 2022	Thursday 13 October 2022	Friday 14 October 2022
9am	Design of Engineering Components 9:00 am to 10:00 am Diamond, DIA - LT 3 (240) Wkly 3 Oct to 17 Oct, Wkly 14 Nov			Design of Engineering Components 9:00 am to 10:00 am 38 Mappin Street, 107 - W (128); 38 Mappin Street, 1 Workroom 3 (128)	
10am				Mathematics for Engineering Modelling 10:00 am to 11:00 am Alfred Denny Building, AD Wkly 29 Sep to 15 Dec von Fay-Siebenburgen R	
11am	Mechanics of Deformable Solids 11:00 am to 12:00 pm Diamond, DIA - LT 4 (240) Wkly 26 Sep to 17 Oct, Wk 12 Dec				
12pm			Mathematics for Engineering Modelling 12:00 pm to 1:00 pm Dainton Building, Dainton Wkly 28 Sep to 14 Dec von Fay-Siebenburgen R		
1pm				MEC UG	Level 2 Tutori 1:00 pm 38 Map 3 (8) MEC_2 Tutorial Samso / Level 2 Tutori 1:00 pm 38 Map 4 (8) Bonci T
2pm				Year Talks 2:00 pm to 3:00 pm Diamond, DI Zhang,Dong MEC Level / Academi Literacy Support 2:00 pm 3:00 pm Hicks Buildin Wkly 6 Oct to	Fluids Engineering 2:00 pm to 3:00 pm St Georges Church, St Ge Church Lecture Theatre (3 Wkly 30 Sep to 2 Dec Woolley Robert; Howell R
3pm		Fluids Engineering 3:00 pm to 4:00 pm 38 Mappin Street, 106 - W (128); 38 Mappin Street, 1 Workroom 4 (128) Wkly 4 Oct to 13 Dec			Mechanics of Deformable Solids 3:00 pm to 4:00 pm Diamond, DIA - LT 3 (240) Wkly 30 Sep to 21 Oct, Wk 16 Dec
4pm	UG Academic Literacy Support 4:00 pm to 5:00 pm Regent Court, John Pemb (40) Wkly 10 Oct to 5 Dec			Electric Circuits 4:00 pm to 5:00 pm Diamond, DIA - LT 3 (240) Wkly 29 Sep to 20 Oct, Wk 15 Dec Ng,Jo	
5pm				Fluids Engineering 5:00 pm to 6:00 pm Diamond, DIA - LT 1 (400) Wkly 29 Sep to 20 Oct, Wk 1 Dec	

英国作为曾经的欧洲高等教育中心，其高等教育体系进化的合理性毋庸置疑，因此，英国大学的课程安排值得借鉴。为此建议高等学校课程体系的期量标准如下：

最佳的时间安排是每学期课程不应多于5门课，每门课不多于32学时，每天应给学生留出足够的自习时间，每周不能多于5门课，最多不能安排大于10次（门）的课程。一天一门课，以给学生留有足够的自修时间，给学生留出完成作业的时间，以及思考他们想学什么、如何学的时间，培养学生的终身学习能力。一天一门课可以实现周滚动，建议采用英式教学法，每门课要合理安排讲授时间、研讨时间、实验或大作业时间。

实际上目前的课程体系设计很少有人考虑学生负荷，总学分与日、周学时的均衡。学、习，只有学的时间没有习的时间，这一点在校级通识课安排上尤其如此。通识教师很少能站在学生四年培养的高度考虑通识课，更多考虑的是自己的课程及学时量，例如英文课时数的安排，原因有三：一是学生从小就学，语言这东西一是天赋，二是环境，有其一一定会学好，不在于大学期间有多少学时；二是目前英语学习的社会资源与网络资源极其发达，愿意学好的同学们可以根据自己的意愿去学习，没有必要占用如此长的时间进行学习；三是专业课学时压缩得太厉害，而专业课是同学们从未接触过的课程，且与未来职业选择息息相关，因此不能砍掉太多，减少英语学时有利于大幅减少整体学分数，建议仅保留4学分。

4.2.3 模块化原则

课程体系设计应遵循模块化原则这里有两层含义：一是将课程体系按照专业内涵和培养目标进行模块化设计；二是让学生按照模块进行选择。按照模块进行选择可以避免学生避重就轻，按照考核的难易程度进行课程选择。同时由于课程模块是按照专业知识逻辑进行组织的，这可避免知识碎片的产生。理论上除了专业核心课程不能选择外，其他课程都应允许学生根据自己的职业生涯规划按照模块进行选择，专业特色往往是在选择中得以体现。

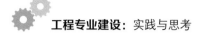

4.2.4　完善学分制度之思考

实行学分制是我国高校系列改革的重要举措之一，然而我国现行的学分制离真正的学分制还有很大差距。我国高校多数实行的是学年学分制，即首先是学年，其次是学分。学生拿到学位获得毕业证书的条件是在修业年限内修满学分（比如四年修满206学分），年限已至而学分未修满的可申请延长学制，一般本科学籍保留两年，两年内修满所需学分一样能被授予学士学位。学生只要修满学时（无论成绩是90分还是60分）都会得到大纲规定的最高学分，就可以毕业，这就导致学生混学分、混学历的现象，60分万岁多年盛行。而且既然学生早晚都能毕业获得学位证，为避免"麻烦"，在考试成绩的评定中，尤其是专业必修课的成绩几乎没有不及格的。由于学生平均成绩绩点参考价值较小，用人单位较少关注这一指标，主要看学生的毕业证和学位证。高校现行学分制的"走样"推广在某种程度上造成了升学就业靠考，一考定终身，学生考研的目的是就业，而不是出于对知识的渴望和学术兴趣，严进宽出、培养质量长时间得不到提升的困局，这也在一定程度上暴露了我国现行教育制度的缺陷。

为了完善学分制，各级教育行政主管部门也做了不少工作。如广东省教育厅2014年10月17日发布了《关于普通高等学校实施学分制管理的意见》（以下简称《意见》）。其中提出多条高校新政，如学生自主选课、选教师，网络公开课、跨校修读必修课，科研、竞赛可以奖学分，大学提前毕业，等等。但笔者认为该《意见》只是进一步明确了学分制内容的一小部分，即学分互认与打破学年制。而这一小部分实质上仅是对教师上课质量的监督措施以及提升社会优质教育资源利用率的措施，其对高校整体教育质量的提升，对作为学习主体的学生的自主学习精神的促进作用并不大，不能从根本上消除学生"磨学工"、混学分的现象。这一《意见》不仅不能促进科学学分管理体制的建立，还会进一步降低高等院校的教育质量，如：会进一步促进假科研、真保研，假学分、真学历，假学历、真就业等目的性教育腐败现象。

中国高等教育学业成绩计分系统与欧美发达国家的区别显而易见，欧美的计分方法是考虑成绩加权和课程重要性这两项加权的，而我们的系统则完全忽视了这两项加权。2005年5月19—20日，两年一度的欧洲高等教育区教育部长会议在挪威卑尔根（Bergen）召开。部长们强调：欧洲学术资格框架、欧洲高等教育质量保证体系以及学位和学时的互认是欧洲高等教育最关键的三大特征。在欧洲，欧盟各成员国的高等学校普遍采用欧洲学分积累与转移系统（ECTS）对学生的学业成绩进行评价，这一计分系统也被视为博洛尼亚进程的基石之一。在欧洲学分制体制下，学时并不是指课堂教师与学生直接接触互动的学时，而是根据学习能力掌握某一门课程知识所需要的最低时间标准。学分也不是指上完这门课就能拿到的大纲规定的学分，而是学生学完这门课程后所能拿到的最高学分。每个学生实际所得学分是由学生的知识掌握程度决定的。

美国大学在评定学生成绩时采取的是平均成绩点数，即GPA（grade point average）。在申请学校时，GPA十分重要，除了英文能力测验以外，很多大学有最低GPA规定，GPA的计算是把各科成绩按等级乘以学分，再以总学分除之。这一评价体制的科学之处在于：首先，在课程体系建设中，对每门课学分的设置是按教学目的进行加权考虑的；其次，它兼顾了学生们的成绩等级因素。因此，这种成绩评价机制是科学的，也有利于促进学生们的学习积极性。如学生欲前往美国高校读研，其GPA必须在3分以上，没有千军万马过独木桥式的考研。本书认为：如果我们采用GPA加推荐的制度，放弃通过考试来遴选人才，更能激励学生刻苦学习的精神。

4.3 课程体系设计的工程模型

课程体系或者教学系统是人造系统，因此，我们有理由将其视为工程系统中的一种，为此，本书使用工程系统开发设计的方法给出课程体系设计的工程模型如下。

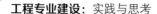

4.3.1 瀑布模型

1970年，温斯顿·罗伊斯（Winston Royce）提出软件生命周期"瀑布模型"（waterfall model）。我们借用"瀑布模型"这个概念，用以描述课程体系设计的整体架构。按照古德莱德"课程层级论"思想，课程体系从需求分析到学生学习整个自上而下的"课程链"有六个层级（见图4-9）。

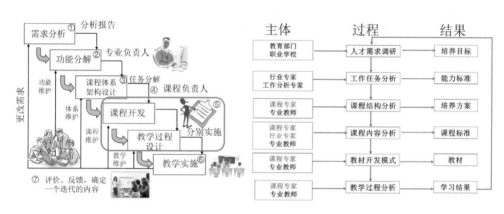

图4-9　课程体系开发的瀑布模型

这是自上而下的价值传导过程，是将各方需求通过功能分解逐步落实到教学过程的人才培养体系。整个设计过程由专业负责人组织，根据需求设定功能，根据功能设计课程体系的架构，根据架构进行任务分解，包课到各个教研室和研究所，或者由课程负责人开展课程内容与教学法的规划设计，最后交付实施，并对教学效果进行自我评价、学生评价以及由教学管理部门进行评价，这个过程需要持续一个培养周期也就是四年。

从图4-9中可以看出瀑布模型的一个重要特点：课程体系开发的阶段划分是明确的，从一个阶段到下一个阶段有明显的界线。在每个阶段结束后，都会有固定的文档或源程序流入下一阶段。在需求分析阶段结束后，需要有明确的描述课程需求的文档；架构设计结束后，需要有描述课程体系总体结构的文档；课程与教学法设计结束后，需要给出教材、课程大纲、教学法以及对教学环境的需求建议。因此也称瀑布模型是面向文档的课程开发模型。

当各方需求明确、稳定时，可以采用瀑布模型按部就班地开发课程，当各方需求不明确或变动剧烈时，瀑布模型中往往要到应用阶段才会暴露出需求的缺陷，造成后期修改时间太长，难以满足教学改革的需要。

4.3.2 课程体系开发的瀑布V模型

瀑布 V 模型是瀑布模型的一种变体。随着对瀑布模型的应用，人们发现，缺陷是无法避免的，课程体系设计在任何一个阶段都可能存在缺陷，而最后的评价也不能保证课程体系完全没有缺陷，在使用过程中会发现更多的缺陷，课程周期是一年，而课程体系使用周期是四年。目前的虚拟教研室确为缩短课程和课程体系的使用评价周期提供了可能。基于虚拟教研室的课程体系迭代改善原理，如图4-10所示。由图可见，培养方案可以在4个成员之间按年迭代。

显然以虚拟教研室为载体，瀑布V模型可以弥补瀑布模型验证周期长的弱点。

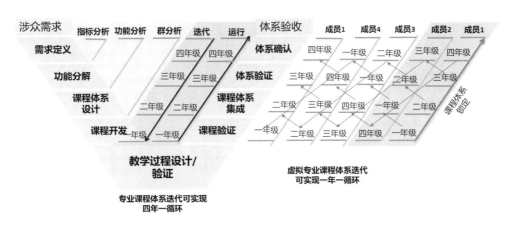

图4-10 基于虚拟教研室的课程体系迭代改善原理

依据瀑布V模型建立的课程体系设计分析框架如图4-11所示，具体分析如下。

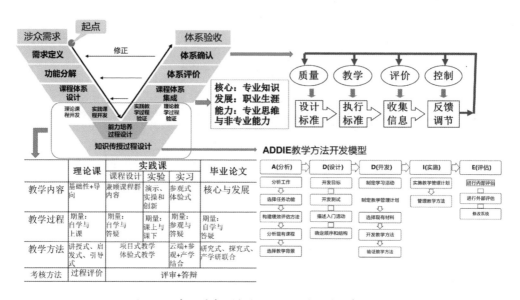

图4-11 基于瀑布V模型的课程体系设计分析框架

1.涉众需求及其定义

（1）国家需求。根据国家经济发展的需要进行定义，如满足国家可持续发展对人才的需求。

（2）学科需求。学科的可持续发展与学科生态建设的需求，科学技术快速发展需要知识更新的需求，学科背景行业对人才的需求。

（3）专业需求。专业人才育成目标、专业建设国家标准（指南）的要求。

（4）学生需求。学生的职业生涯发展规划。

（5）教师需求。产学研协同育人、教师渴望教学相长的需求。

2.功能分解

根据需求使用质量功能展开（QFD）工具[24]对课程体系进行相应的功能分解、课程群规划以及教学过程与方法的设计，如图4-12所示。将上述过程进一步细化如图4-13所示。

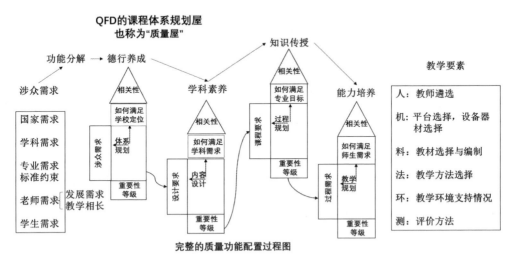

图4-12 基于QFD的课程体系规划逻辑

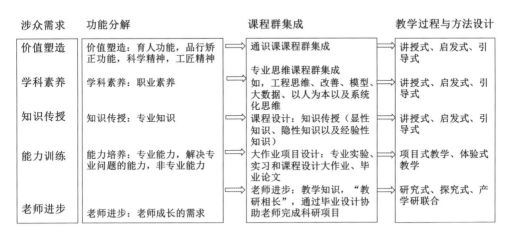

图4-13 基于QFD的课程体系功能展开

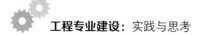

工程专业建设：实践与思考

4.3.3 课程体系开发的敏捷模型

敏捷开发是20世纪90年代产生的，是一种以人为核心、在高度协作的环境中，使用迭代式的方式进行增量开发，经常使用反馈进行思考、反省和总结，不停地自我调整和完善的活动。敏捷课程开发的理念可以以虚拟教研室为载体实现对课程与教学法的迭代开发，这种迭代具有及时性，可以避免传统瀑布模型计划开发周期长、涉众多的缺点，实现快速迭代（见图4-14）。

课程的开发过程可以按照敏捷开发的过程进行，首先确定三个角色：专业负责人、开发团队以及团队负责人。

图4-14　课程体系开发的瀑布模型与敏捷模型的对比图

在虚拟教研平台，虚拟课程平台负责人相当于scrum master（项目经理），他负责提高团队的开发效率。他常提出培训团队的计划，列出积压的工作（backlog）。开发团队负责人（或虚拟教研室负责人）控制着检查和改进项目的周期，由他维护这一团队的正常运行，并与专业负责人一起让利益相关方获得最大化投资回报。他关心的是这些敏捷开发思想是否能得到利益相关方的理解和

76

支持。可以将虚拟教研室视为课程与教学方法的开发团队，团队成员需要目标相似、能力互补，团队需要全面的能力，这意味着小组内拥有实现课程的全部技术和技能。成员数应控制在5～9个之间；团队还需要充分地理解专业负责人所描述的课程及其教学愿景和冲刺（sprint）目标，以更好地支持可能需要进一步开发的课程及教学方法的发布。团队在项目向导范围内有权力做任何事情以确保达到sprint目标。

4.4　课程建设的基本知识

4.4.1　课程建设的主要内容

课程是整个教育的核心，是教育目标与价值的主要载体，是专业创立特色、保持核心竞争力和可持续发展能力，以争取更大发展空间的重要环节。

课程开发是指对教学内容本身、教学方式、教学媒介、教学资源等一系列与教学有关的元素的开发。主要内容有确定课程目标、选择和组织课程内容、实施课程、评价课程。

课程设计的具体任务是构建一门课程的形式与结构，解决课程整体逻辑设计，是课程开发的总体计划。主要内容有确定教学目的、教学目标、教学主要内容（内容的重要性和难易程度）、教学方法和案例要求、考核方式要求及与其他课程的关系等。

教学设计是以传播信息和学习理论技能为基础，应用系统的观点与方法，分析教学中的问题与需求，确立目标，明确解决问题的措施与步骤，选用相应的教学方法和教学媒体，然后分析、评价其结果，以使教学效果达到最优化的过程。主要包括：教学目标设计、教学内容设计、教学方法设计、教学进度设计、资源利用设计等。课程开发、课程设计以及教学设计之间的差别如图4-15所示。

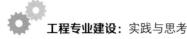

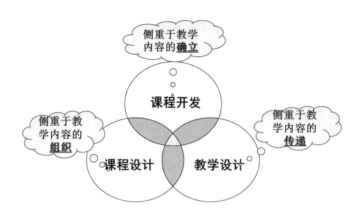

图4-15　课程开发、课程设计以及教学设计之间的差别

　　课程建设的主要内容有：①课程的开发（分析、设计课程文件、教材、教学资源、硬件等）；②课程的实施（指备课、讲课、作业、实践环节、辅导、考核等）；③课程的评价（质量监控体系、评价方式）；④课程的管理（课程文件、师资队伍、教学设施等的建设与管理）。

4.4.2　课程标准

　　（1）什么是课程标准。课程标准是围绕培养目标，规定各门课程所要达到的基本要求，从而使培养目标具体化、可操作化；课程标准也是教材编写、实施教学、评估和考试命题的依据，是管理和评价课程的基础；课程标准是课程建设的重要内容。

　　（2）课程标准的权限与分类。"课程标准"通常是"国家课程标准"的简称。国家课程标准是由国家统一制订、统一颁发的。国家课程标准体现的是一种国家意志，所以它具有统一性、普遍性和强制性。当然，在我国也有行业或地区统一制订、颁发的教学大纲或课程标准。其总体框架如表4-4所示。

表4-4　课程标准总体结构框架

课程标准总体结构框架		教学大纲
前言 （概述）	课程性质 课程基本理念 标准设计思路	
课程目标	知识、能力素质的目标 （知识与技能、过程与方法、 情感态度与价值观的目标）	教学目的
内容标准	内容领域及行为目标	教学内容及要求
实施建议	教学建议 评价建议 教材编写建议 课程资源开发与利用建议	教学建议 教学中应注意的问题 课时安排 考核与评价
附录 （其他说明）	术语解释、案例	

（3）内容标准表述的体例格式。原则上分为如下两个层级：

第一层级：教学目标、活动安排、考核要求。第二层级：知识要点、技能要点。可采用表格或文字叙述的方式对内容进行表述。

（4）内容标准要求的行为动词（以数学课程标准用词供参考）。知识与技能包含如下三个层次：

①知道/了解/模仿。

了解、体会、知道、识别、感知、认识、初步了解、初步学会、初步理解。

② 理解/独立操作。

描述、说明、表达、表述刻画、解释、推测、想象、理解、归纳、总结、抽象、提取、比较、对比、判定、判断、会求、能、运用、初步应用、初步讨论。

③掌握/应用/迁移。

掌握、导出、证明、研究、讨论、选择、决策、解决问题。

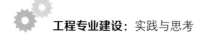

（5）过程与方法包含如下两个层次：

①经历/模仿。经历、观察、感知、体验、操作、查阅、借助、模仿、收集、回顾、复习、参与、尝试。

②发现/探索。设计、梳理、整理、分析、发现、交流、研究、探求、解决、寻求。

（6）情感、态度、价值观包含如下两个层次：

①反应/认同。感受、认识、了解、初步体会、体会。

②领悟/内化。获得、提高、增强、形成、养成、树立、发挥、发展。

（7）教学方法和手段。

①教学目标重心的迁移，即从理论知识的存储转向专业能力的培养，促使教学方法逐渐从"教"法向"学"法转移，实现基于"学"的"教"。

②教学活动重心的迁移，即从师生间的单向行为转向师生、生生间的双向行动，促使教学方法逐渐从"传授"法向"互动"法转移，实现基于"互动"的"传授"。

积极倡导融"教、学、做"为一体，强化学生能力培养的教学模式。要解决教什么、谁来教、在哪儿教、怎么教等问题。

4.4.3 课程知识选取的原则体系

1. 课程知识选取的难点

科学的发展趋势是既高度分化又高度综合的，科学门类的分化很快，种类越来越多；某些学科课程无法帮助人们解决他们所面临的各种问题；许多问题都是无边界的课题，它们涉及众多学科，而这些学科又难以包括到以严格分科为基础的课程中去。

2. 课程知识选取的出发点

教学内容必须解决现实的问题，学校教育要确定所要容纳的课程内容的选择标准，标准应根据时代的需要和受教育者个体的需要加以整合，从而形成一种新旧原则相结合的较为合理的原则体系。

3. 原则体系的构建

完整性原则：完整性原则是指在开设相关课程时，要对制约课程的各个因素进行全方位的立体分析与规范，体现了课程对于知识在选取时所持的基本价值取向。

自主性原则：自主性原则指的是课程的开发与研制要以教育内在的、本体的价值和逻辑为核心，体现了课程的人性角度，用人文精神去统合科技理性知识。

适切性原则：适切性原则是从本国现有的或特有的文化心理状态出发，分阶段地逐步推进课程内容的调整。一是要创造一种开放性的"身心状态"，有效合理地对待外来课程。二是对外来课程加以适当的调整和改造，以适应本国文化的"生态环境"和学生现有的"身心状态"。

价值性原则：哲学意义上的"价值"，是一种体现在主体与客体之间需要与满足的关系。课程价值是指作为客体的教育现象的属性（一般是指一定历史阶段的教育发展水平、教育过程中的教材等等）与作为社会实践主体的人的需要之间的一种特殊关系，其中尤指教材（国家法定的课程计划）与学生之间的特定关系。知识价值的问题可以从两个层面来探讨。一方面是从知识的两种不同功用（或效果）出发，可将知识的价值分为两大类，即内在价值和外在价值。第二个方面从知识本身的结构与发展潜力上来看，各类知识所具有的价值相异。

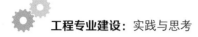

4.5　总结与思考

课程体系设计是工程问题，基于这一观点本书提出了课程体系设计所应遵循的基本原则，并建立了课程体系设计的瀑布模型、V型模型和建立在虚拟教研室基础上的敏捷开发模型。

（1）提出了培养方案规划所应遵循的三个原则，建立了课程体系设计的敏捷开发模型、V型模型和瀑布模型。这些模型为虚拟教研室的运行提供了理论基础。

（2）期量标准，学时需由教师的工分转换为学生的学习时间。每周课程不应多于5门，每门课程一周1次。

（3）课程体系模块化是交叉学科与交叉专业建设的基础。

课程体系是认证的核心，目前国内主要按照美国工程与技术认证委员会(Accreditation Board for Engineering Technology,简称ABET)的工程教育专业认证体系进行认证，而ABET认证体系认证的是培养目标与课程体系之间的映射关系，即你的体系是否支持你的目标。因此在课程体系设计过程应该给予关注。然而，在模仿他国体系时也应该关注他国认证体系的应用环境与我们不同，比如西方大学的运作机制是：终身制，教授治校和校董事会制，学校制度的制定者是教授，执行者也是教授，学校小事由教授委员会来解决，大事由校懂事会来应对，而我国高校的管理体系是官员治校，环境不一样，在使用他国认证体系时，需要考虑如何进行适当修改以适合本国国情。

可重构自组装工业 第五章
工程类课程体系

人类本质中最殷切的需求是渴望被肯定。

——威廉·詹姆士

学然后知不足，教然后知困。知不足，然后能自反也；知困，然后能自强也。故曰：教学相长也。

——孔子

想象力比知识更重要，因为知识是有限的，而想象力概括着世界的一切，推动着进步，且是知识进化的源泉。

——爱因斯坦

当前教育系统正在全面推进教育领域的综合改革。2013年7月初，教育部启动了高等学校本科专业类教学质量国家标准的研制工作。笔者从参与工业工程类本科教育质量国家标准制定讨论的过程来看，这个标准相当于欧美高等教育机构的*Curriculum Guidelines for BS/MS Degree Program*。下面以美国信息系统本科专业课程指南（*IS 2010：Curriculum Guidelines for Undergraduate Degree Program in Information Systems*）为例来加以说明。这个指南是由美国计算机协会（ACM）与信息系统协会（AIS）联合制定的，制定机构分编写委员会和咨询委员会，咨询委员会由业界专家、毕业生代表、工程与技术鉴定委员会等部门专家组成。它的主要内容包括：信息系统2010课程报告的使用，信息系统课程体系模型，指导课程体系设计的原则，课程体系修改的动机，关于信息系统专业职业方向的指导性假设，本次课程体系修改的关键要素，作为一个学术研究领域的信息系统，信息系统专业核心课程、辅修课程与主修课程之间的关系，信息系统专业期望输出的毕业生，信息系统课程体系架构，信息系统学位项目所需的资源，与其他同类计算机学科共享的课程，信息系统2010课程明细等。附录交代了信息系统课程体系及相关学科背景、信息系统2010课程指南开发细节、知识深度的度量及相应的教学方法及信息系统的知识体。[35]

5.1　课程体系的定义与描述

在欧洲，早期的课程体系分为理想的课程体系、正式的课程体系以及可操作层面上的课程体系三种。[36]理想的课程体系是基于教育机构期望达到的愿景来制定的，这与所在专业的培养目标及其学生就业范畴的定义相关联。基于这一思路，课程体系是若干职位汇合成一个共同愿景，当这一愿景被内置于一个含有课程内容、活动、学习输出以及能力描述的文件时，理想的课程体系就变成了正

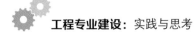

式的课程体系。可操作层面上的课程体系是指在课程执行过程中，课堂上将要发生什么、针对课程内容和教学活动所使用的方法、教师与学生之间的关系、学生与学生之间的关系、资源的使用等内容。世界各国高等教育课程体系基本沿袭了这一定义，即主要考虑的是教什么、怎样学和跟谁学，课程体系的目标和评价方法等内容。为了清楚地表达并执行这些课程元素，课程体系在某些特殊环节增强了对师生互动内容的要求。基于此种认识，课程体系被认为是确保了一个获取知识与创造知识的情景，并兼顾了学生们的个性发展、职业与价值取向等问题。尽管有一些课程体系的制定方法，但课程体系的概念包括了不同层次、结构的人员之间交互作用的实践。因此，课程体系好比一个项目，该项目涉及整体性、连续性和课堂上实际发生了什么，以及各意图之间的相互依赖关系。高等教育由具有不同课程体系设置的不同教育层次的教育机构组成。不同的课程体系设置隐含地表明了高等教育机构对某一领域学生应该达到的从业知识及能力标准的要求。为此，Lima等人指出，高等教育课程体系应该包括如下五方面的要素：①职业定义；②课程内容的选择；③学习计划的组织架构；④课程体系之可执行性的基本条件；⑤课程计划的评价。课程体系的定义可以被理解为与该职业相关的几个知识领域的一个课程指南。[37]课程内容可以归类为三组，即学科大类基础课程、专业课程和实践教学环节。

工业工程（IE）来源于美国，是对有关人员、物资、设备、能源和信息等组成的整体系统进行设计、改进和实施的学科。它应用数学、物理和社会科学的专门知识与技能，并且使用工程分析的原理和方法，对上述系统可能取得的成果予以阐述、预测和评价。

工业工程是典型的技术与管理等多学科交叉学科，其课程体系的时代特征十分明显，影响因素相较其他传统学科更多。如1998年美国得克萨斯农工大学工业工程系主导的IE课程体系变革的主要因素是：制造业移向发展中国家，服务业成为其社会发展的主角。传统的IE课程设置已不能满足社会发展的需要，并且认为工业工程学科毕业生的主要就业领域已经转向IT业、服务业和工程管理等领域，因此，他们修改了传统的IE课程体系，增加了工程管理辅修课程和探究性教学策略，并将IT课程集成到工业工程课程体系中，这种变化在美国很明显，许多美国学者注意到美国经济向服务业转移的这种特征。[38-40] 2005年，美国密歇根技术大学（MTU）Sorby等人认为由于工业工程和工程管理植根于制造领域，不太适合服务业的发展，因此，他们使用德尔菲法预测了服务业发展所需知识专题，建立了新的服务系统工程本科生教育课程体系。尽管如此，笔者2008年在美国宾州州立大学访问时，发现许多美国著名大学的工业工程专业的研究方向转向到医学和社会人口老龄化等服务业研究领域。这种趋势在我国台湾地区各大学工业工程课程体系设置中也有体现，不过由于其芯片制造业非常发达，许多课程背景与这一行业的发展有关。而在非洲及阿拉伯地区，由于其石油化工等工业非常发达，因而，在南非、埃及、伊朗以及沙特阿拉伯等国家地区的大学里，工业工程专业的课程体系无不包含自动控制、过程工程等课程。[38]

欧洲各大学课程体系的变化则体现了社会的变革——欧洲一体化进程。1999年开始的欧洲博洛尼亚进程是欧洲国家通过政府间合作和协商，在整个欧洲范围内进行高等教育调整的过程。博洛尼亚进程确定的一项主要目标是到2010年建立一个欧洲高等教育区。它们的课程改革是围绕欧洲学分积累与转移制度（ECTS）展开的。为了考虑欧盟内各成员国之间教育水平的差异，Lima提出高等教育是分层次的，不同层次的高等教育机构（如博雅学院、综合大学、理工大学以及职业技术学院等）其所输出的学生所具有的知识背景是有差异的，因此，博洛尼亚进程对课程体系框架有一个明确的定义，并对学生主动学习能力的培养给予了特别的关注。该进程特别指出，某一科目的学时并不是指师生课堂接触的学时，而是学生在某一科目上用于学习、分析、研究与探索上所投入的最低时间

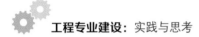

限制。[37]我国目前共有3 012所大学，其中：包括2 756所普通本科院校，除118所由中央部委直接管理，其余属于地方本科院校。1950—2000年，课程体系大部分根基于苏联的教育体系，2000年后转向于西方体系，但由于各种因素的制约，导致目前诸多学科划分及其课程体系内容与欧美具有形似神不似的特征。不仅如此，欧美的工业工程基本都在工程学院，在美国仅有佐治亚理工大学的工业工程学科独立成院，而在我国几乎一半工业工程专业在经管学院，一半在工程类学院，由于处于不同学院的学生的培养目标及其师资和教学环境所能给予学生的知识体系是有差别的，因此，欧洲的经验对当前中国的教育改革具有借鉴意义。综上所述，我国的本科教学质量国家标准第一要服从国家需要，服务于我国的国民经济建设，第二要具有一定的适应性，能够满足不同层次学校办学的需要，这取决于各类高校的办学定位。

5.2　工业工程类课程体系框架模型

> 博耶尔提倡"综合性核心课程体系"，使教学重心从"基础知识"向"跨学科综合"迈进，并以此促进"学生的发展，促使社区服务、政治参与知识在校外实践中的运用相互结合起来"。

前已述及，工业工程是一门交叉学科，因此，该学科的知识领域较为分散，在工业工程课程体系建设中，知识的集成与综合传授方法是学科体系建设中一个值得关注的问题。Bryan探讨了工业工程学科知识领域的集成与综合问题，并给出了"工业工程学"（industrial engineering science）的定义，Bryan认为，工业工程学是指所有工业工程课程中的最基本领域，并强调指出"工业工程学"是工业工程领域内最核心的知识领域，不能与工程技术鉴定委员会所定义的工程科学相混淆。Bryan还进一步指出这一核心领域包括如下六个知识领域：它们是概率论与数理统计、运筹学（图论与线性规划）、工程管理（包括工程经济）、人因工程（包括方法研究与时间测定）、制造与设施设计以及生产运作分析等。文献研究表明：在欧美大学工业工程学科课程体系中无一例外地涵盖了上述六个方面的课程。[41]

欧美课程体系建设中都需考虑工程技术学位项目认证委员会对毕业生从业能力的要求，如终生的工程能力，这些能力概括如下：

（1）商业实践与成本分析的能力：是指在大的商业环境中，处理与工程技能相关的成本与经济问题，变化管理、创新管理以及工程伦理等问题的能力。

（2）数据与不确定问题的分析能力：是指获得信息的能力，在不确定环境中收集与处理数据信息的能力。

（3）设计、创新和解决问题的能力：这些能力是指定义规格，开发详细的设计说明书，并把设计应用于工程实际中的能力。

（4）使用信息系统和编程的能力：是指利用计算机从众多数据中抽取有用信息的能力以及利用相应软件及开发软件解决普通工程问题的能力。

（5）交流与团队合作的能力：是指在一个多功能团队中工作的能力，能清楚地与管理者/非技术人员进行口头和书面交流的能力。

尽管当前我国还没有类似的组织，但是笔者认为课程体系是一定要考虑这些能力的培养的。比如在我国课程体系建设中所普遍提及的获取知识的能力、应用知识的能力以及创新的能力等。而在欧美课程体系中，除了技术知识的获取、应用与创造能力外，其工程教育还关注如何在课程实施过程中为将来的工业工程师提供更强的软能力（soft skill），如领导能力、团队合作的能力、进行口头与书面交流的能力、分析问题和解决问题的能力、工程伦理与环境保护意识等职业素养的建立、创新与创业能力、跨区域与文化的国际交流合作的能力等。[38，42-43] Bryan指出，美国许多资源需要在海外获得，许多公司也都是跨国公司，那么用人单位要考虑被聘用人员需要与非美国工程师在一起工作解决某些问题，基于这种工程建设全球化的考虑，在课程计划中需要安排一些人文地理、社会科学领域

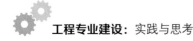
的选修课供有需要的学生们选修。[41]鉴于上述考虑，本书构建如下工业工程类课程体系模型供同行专家制定标准与课程体系参考使用（见图5-1）。

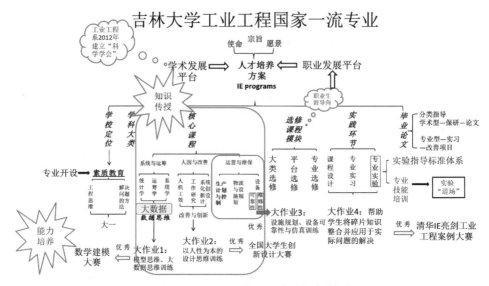

图5-1 工业工程类课程体系框架模型

模型使用说明：

（1）课程体系应根据学校的定位及其使命与愿景来定，不同层次的学校其使命与愿景是不一样的。因使命和愿景的不同，会对学校设定课程、选修课程以及对实习实训环节和毕业论文等的要求产生影响。如笔者根据吉林大学"双一流"大学的属性定位工业工程系的教育使命为素质教育。

（2）其次是考虑到各个学校工业工程专业所在学科背景的不同，往往所起的本科专业名称也不同，如工业工程（IE）、工业工程与管理（IEM）、工业与制造系统工程（IMSE）和工业与系统工程（ISE）等，这意味着不同学校工业工程服务社会的方向各有侧重。如吉林大学的工业工程专业依据原吉林工业大学的工科特色而将工业工程专业定位于服务中国的制造业，为中国制造业的发展培养所需的工业工程人才。因此，吉林大学工业工程专业的学科大类课程会按照制造科学与生产工程专业的模式设置。并且，在学科基础必修课模块提供了两个模块：一个是工业工程专业模块，另一个是机械工程专业模块，供学生根据需要和职业生涯规划进行选择。

5.3　面向专业定位的可重构课程模块的规划

图5-2给出了吉林大学工业工程课程体系的历史沿革，工业工程系不在意人有什么，更关注我们能办什么，即根据学校具有的学科背景、行业背景和人才背景坚持以育人为主，培养具有专业素养、敬业、乐群及人格健全的，具有工业工程思维的人，将专业的人才培养、科学研究与服务社会定位在工厂设计、规划及运营与维保。旨在为国家培养能为企业界提升生产与管理绩效的优秀工业工程师，以促进我国国民经济的发展。依据上述定位按照图5-3所示整个工厂的运作流程设置专业课程。

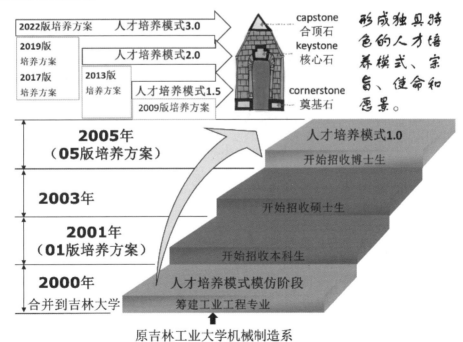

图5-2　吉林大学工业工程课程体系的历史沿革

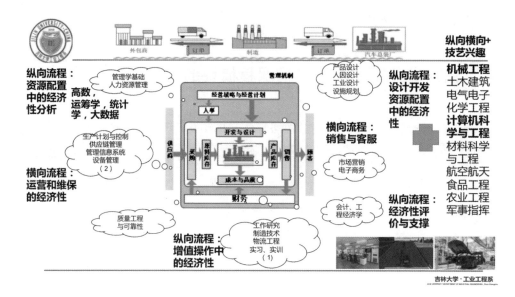

图5-3 基于工厂运作流程的专业课程配置示意图

（3）专业核心课程反映了该学科的基础性与科学性，我们按照工业工程学的定义设置了如表5-1所示的三类9门课程，核心课程主要围绕模型思维、大数据思维、系统思维、以人为本和创新与改善思维进行专业思维培养，而运营和维保模块体现了吉林大学工业工程的专业特征。

（4）选修课程主要体现基于职业生涯导向的课程设置和兴趣驱动的特征。

中国的教育必须为国家建设与社会发展服务，因此，我们的课程体系应该根据中国工业与社会发展的实情来制定，不能盲目照抄、照搬西方发达国家的课程体系。主要原因如下：美国是工业工程学科的发源地，我们通常会以美国的工业工程课程体系设置为标杆来设置课程体系，但是中国的工业化进程与美国的工业化进程有着较大差别，美国的工业工程课程体系是依据美国的工业化进程制定的，因此，是不能完全适于我们的。

表5-1　工业工程学科基础选修模块

				基础教育选修模块1						
学科基础课程模块1或2中任选1个模块	必修课程模块1	412001	机械CAD基础I	1	0	24	0	1	考查	+40实践
		411001	工程制图A	4	0	64	0	1~2	考试	
		412104	工程力学	3	0	48	12	3	考试	
		522201	电工学 I	2.5	0	52	16	3	考试	
		412201	机械设计基础	3	0	48	6	5	考试	
		411207	机械精度设计基础A	2	0	32	0	5	考试	
		412301	机械制造技术基础	3	0	48	4	6	考试	
		432006	工程材料	2	0	32	4	6	考试	
		*421101	工业设计基础	2	0	32	0	5	考试	
			小计	22.5	0	380	42			
		*414701	新生研讨课（限选课）	0.5	0	8	0	1	考查	至少选修6.5学分*课为限选课
		*411601	工程基础与设计思维（双语）	1.5	0.5	32	8	1	考查	
		411035	大数据导论	1.5	0	24	0	7	考查	
		411305	智能制造导论	1.5	0	24	0	4	考查	
		411613	管理学基础	1.5	0	24	0	4	考查	
		414601	工业工程前沿教授专题	1	0	16	0	7	考查	
			小计	8	0	128	8			
	必修课程模块2			基础教育选修模块2 （面向职业生涯选择制造科学与工程方向的学生，可与选修模块3搭配选择）						
		411001	工程制图A	4	0	64	0	1~2	考试	+40实践
		411101	理论力学A	4	0	64	0	3	考试	
		412101	材料力学A	4	0	64	12	4	考试	
		522201	电工学 I	2.5	0	52	16	3	考试	
		412201	机械设计基础	3	0	48	6	5	考试	
		411207	机械精度设计基础A	2	0	32	0	5	考试	
		412301	机械制造技术基础	3	0	48	4	6	考试	
			小计	22.5	0	372	38			
		*414701	新生研讨课（限选课）	0.5	0	8	0	1	考查	至少选修6.5学分*课为限选课
		*411601	工程基础与设计思维（双语）	1.5	0.5	32	8	1	考查	
		411035	大数据导论	1.5	0	24	0	7	考查	
		411305	智能制造导论	1.5	0	24	0	4	考查	
		411613	管理学基础	1.5	0	24	0	4	考查	
		*414601	工业工程前沿教授专题	1	0	16	0	7	考查	
			小计	7.5	0.5	128	8			

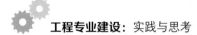

由图5-4可见，美国的社会发展及其工业化进程的界限是非常分明的，它们在工业经济时代建立了工业工程这一学科，目前其制造业外迁至发展中国家，美国以知识经济建设为主。[45]

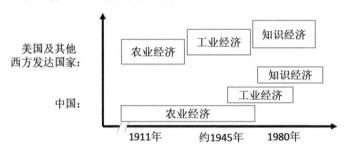

图5-4 中国与世界发达国家工业化进程的差别

由图5-5可见，不同时代，工业工程的知识体系是不一样的，二战前以基础工业工程的工作研究、大批量流水生产、物料搬运等的研究为主，二战中以定量的运筹学发展为代表，形成了物流工程与MRPⅡ（制造资源计划）等知识体系，20世纪80年代，美国麻省理工学院在分析日本丰田生产方式的基础上建立了精益生产体系。后工业经济时代以信息技术（IT）、先进制造技术（AMI）、计算机集成制造系统（CRMS）、供应链管理（SCM）、企业资源计划（ERP）、价值工程（VE）等技术为代表。因此，许多文献在论述美国工业工程课程体系为现代工业工程体系时，知识内容含有IT和服务业等成分。在我国进行课程体系建设，一方面我们的教育宗旨必须为多元化的国民经济建设服务，同时必须面对飞速发展的知识更新，课程体系不能盲目照抄西方发达国家的课程内容，必须兼顾我国经济多元化的现状来安排课程内容。由于工业工程本科生教育在中国是近20年的事，在企业中的认知度还不高，除了外资与合资企业外，能够合理有效利用工业工程专业毕业生的社会组织还不多，因此，需加强传统工业工程知识的传播。基本工业工程技能的传授是当前我国工业工程课程体系设置必须考虑的问题，同时，也不能忽视现代工业工程知识体系的更新，因此，需要协调在有限学分限制下知识体系的集成，以形成符合当前中国多元经济并存、社会高速发展需要的课程体系。建议设置的方法如下：按照学生的职业生涯规划需要设置相应的课程模块，主要包括为希望在制造领域就业的学生安排了制造科学与生产工程选修模块IEM1，为希望在企业、政府等部门管理岗位就业的同学准备了管理科学与工程选修模块IEM2，为希望在系统工程、IT领域就业的同学安排了系统科学与工程选修模块IES1，为希望在服务领域就业的同学安排了服务工程选修模块IES2，为希望从事学术研究的同学准备了工业工程学专修模块IES3，即Capstone（顶点）创新课程模块，上述模块允许学生在模块规定的范围内选修教育部慕课、国家一流课程以及其他国内外网络资源课程，以充分利用网络资源满足学生兴趣需求，提升教学质量。为保证传授给学生的知识具有完整性，需要求学生在同一个模块中整块选修相关课程。

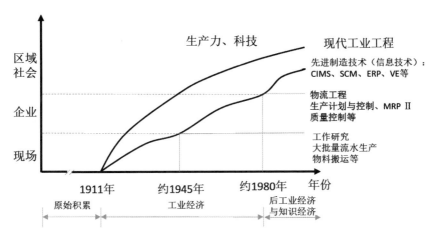

图5-5　工业工程核心知识体系与工业化进程的关系

兴趣驱动模块如表5-2所示，其主要特征是允许学生根据兴趣和自己的职业生涯规划，利用教育部一流课程平台、慕课平台定制自己的选修课程。

表5-2 平台依托育人课程模块

平台依托育人选修课程共有三个模块，视职业生涯发展需要选择一个模块修读6.0学分								
专业拓展选修课模块	411623	全员生产维护（TPM）	1.5	0	24	0	7	考查	省部重点实验室平台课程选修模块
	411608	质量工程	1.5	0	24	0	7	考查	
	411624	数控装备可靠性试验	1.5	0	24	0	6	考查	
	411315	智能故障诊断	1.5	0	28	4	7	考查	
	412610	工业安全与环境保护	1.5	0	28	4	5	考查	
	412609	设备监理师职业资格认证或（资产评估师）	0.5	0	24	0	7	考查	
		小计	8	0	152	8			
	412608	系统化创新思维（TRIZ）	1.5	0.5	32	8	6	考查	精益生产与创新方法课程模块
	411047	精益生产	1.5	0.5	32	8	7	考查	
	411620	标准化工程	1.5	0	24	0	7	考查	
	411618	技术挖掘与专利分析	1.5	0	24	0	5	考查	
	412630	机械创新设计	1.5	0	24	0	6	考查	
	411615	专利代理师职业资格认证或（国际TRIZ一级认证课）	0.5	0	24	0	7	考查	
		小计	8	1	152	16			
	411609	供应链管理（双语）	1.5	0	24	0	7	考查	运营选修课程模块
	411611	项目管理	1.5	0	24	0	6	考查	
	411612	会计学	1.5	0	24	0	6	考查	
	411614	管理信息系统B	1.5	0	24	0	5	考查	
	411617	人力资源管理B	1.5	0	24	0	6	考查	
	411619	工业工程师职业资格认证中国机械工程学会见习工业工程师认证课（线上课程自选）	0.5	0	24	0	7	考察	
		小计	8	0	144	0			

总结前述，由上述课程体系构建的本专业人才培养特色如图5-6所示。

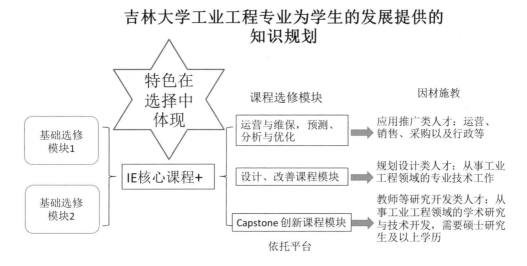

图5-6　吉林大学工业工程人才培养方案特色

5.4　中外工业工程课程体系的对比分析

按照图5-1所示课程体系框架模型，对中外课程体系进行对比分析如下。

在学科背景方面：工业工程起源于美国，在美国，工业工程作为工科专业大多设在工程学院，学科大类课程以工程学科为主，但是佐治亚理工大学的工业工程专业是以工业与系统工程的名字独立成院的，学科大类课程为系统工程类。中国则比较复杂，工业工程专业在教育部招生目录中设在管理科学下，具体在各个办学学校则差异很大。有的学校将工业工程专业设在机械学院，如清华大学、上海交通大学、吉林大学等；有的学校则设在管理学院，如天津大学、西安交通大学，南京大学等。工业工程专业设在不同的学院，其所开设的学科大类课程有着非常大的不同，设在机械学院的工业工程专业多按机械工程类为自己的学科大类来设置工业工程专业的学科基础课程，而设在管理学院的工业工程专业则多以

97

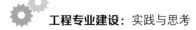

管理科学与工程为背景来设置工业工程专业的学科基础课程。吉林大学工业工程课程体系充分考虑了上述差别，设置学科基础选修模块、专业课选修模块供学生根据自己的职业生涯规划进行选择。核心课程模块也有差别：文献研究表明，国外分定性课程、定量课程以及工程课程；国内多以基础工业工程、人因工程、生产管理及物流工程等为核心课程。而吉林大学工业工程课程体系则以工业工程专业思维（模型思维、大数据思维、以人为本的创新思维和系统化思维）为主线构建核心课程模块，详见图5-1。实践环节设置中外也有很大区别，国外以满足工程认证机构要求的能力培养需要为主旨设课，而国内则以教育部主导为主。工业工程专业设在机械学院的由于其学科大类按机械工程设置，因此，工业工程课程对实践环节的实习、实验与技能培训较为重视，而设在管理学院的工业工程课程则对沙盘演练较为重视，上述分析如有不对或不全面的地方还望各位专家批评指正。

5.5　总结与思考

（1）无论多么好的培养方案，课程体系的设置都是教师的一厢情愿，能否给学生更多选择呢？笔者对此做了尝试，所打造的课程体系除通识课、专业核心课不能选择外，其他课都可以根据学生的职业生涯规划、兴趣爱好自己组织自己的培养方案。

（2）充分利用慕课资源，国家一流课程资源让学生在大纲规划好的知识地图范围内自己定义自己的选修课，随着教育技术的进步，使得因材施教成为可能。

（3）2013年4月，教育部启动了《普遍高等学校本科专业类教学质量国家标准》的研制工作，这一工作显然是必要的，但是本书建议最好能把这一文件的名字改为"普通高等学校本科专业类教学课程体系（质量）指南"。因为，我们国家高校太多，办学层次差别较大，很难制定出一个普适性的国家本科教育质量标准，而且如果是质量标准，又很难给出一个准确的测度去评价各类高校的本科教育质量。

（4）标准（或指南）的制定必须是服务于中国国民经济建设的，不能盲目照抄、照搬西方发达国家同类学科的课程设置，但是能力培养与教学方法等的要求是可以借鉴的。

（5）课程体系的制定与实施是一项系统工程，绝不是简单的几门课的设置问题，需要从学校办学愿景、专业发展与人才培养的目标定位出发制定课程体系与培养计划，并在教学手段与方法、教学质量保证体系建设、实训环节设置与配套设施建设、学校的教学管理与激励机制等一系列措施联合作用下才会收到预期效果。

近年来，教育部为应对技术人才短板，提出了一系列布局新专业的措施，实际上一个新专业建设所需人、财、物的完善需要时间，如果新专业与传统专业界限不清就没有必要重新设置，其最好的策略是在相关基础性专业上重构课程体系以应对市场和科学技术发展的需求。

实践教学体系的 第六章
框架模型

重要的教育方法总是鼓励学生去实际行动。

——（美）爱因斯坦

好的判断来自经验。经验从何而来？经验来自错误的判断。

——Mark Twain

诵诗三百，授之以政，不达；使于四方，不能专对。虽多，亦奚以为？

——孔子

顾明远在《教育大辞典》中将实践教学定义为："相对于理论教学的各种教学活动的总称，包括实验、实习、设计、工程测绘、社会调查等。旨在使学生获得感性知识，掌握技能、技巧，养成理论联系实际的作风和独立工作的能力。"[46]

这个定义低估了实践教学环节在人才培养中的重要作用。2016年6月2日，中国成为国际本科工程学位互认协议《华盛顿协议》的正式会员。那么我们所制定的工程技术人才培养方案应该满足工程技术学位项目认证委员会（ABET）对毕业生从业能力的要求，这些能力概括如下：

（1）商业实践与成本分析的能力：是指在大的商业环境中，处理与工程技能相关的成本与经济问题、变化管理、创新管理以及工程伦理等问题的能力。

（2）数据与不确定问题的分析能力：是指获得信息的能力，在不确定环境中收集与处理数据信息的能力。

（3）设计、创新和解决问题的能力：这些能力是指定义规格、开发详细的设计说明书，并把设计应用于工程实际中的能力。

（4）使用信息系统和编程的能力：是指利用计算机从众多数据中抽取有用信息的能力以及利用相应软件及开发软件解决普通工程问题的能力。

（5）交流与团队合作的能力：是指在一个多功能团队中工作的能力，能清楚地与管理者/非技术人员进行口头和书面交流的能力。

尽管当前我国还没有类似的组织，但是笔者认为课程体系是一定要考虑这些能力的培养的。比如在我国课程体系建设中所普遍提及的获取知识的能力、应用知识的能力以及创新的能力等。而在欧美课程体系中，除了技术知识的获取、应用与创造能力外，其工程教育还关注如何在课程实施过程中为将来的工程师提供更强的软能力，如领导能力、团队合作的能力、进行口头与书面交流的能力、分析问题和解决问题的能力、工程伦理与环境保护意识等职业素养的建立、创新

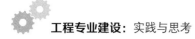

与创业能力、跨区域与文化的国际交流合作的能力等。[47] 如何实现上述要求？实践教学环节在这些能力培养中扮演了重要的角色，然而，我们的实践教学目标依然局限在上述定义范畴之内，实践教学体系要着眼于学生全面发展的需要，做到"学""术"并重，甚至"术"重于"学"，既要考虑到设计方案的可操作性与实施效果，又要考虑学生共性与个性的发展诉求，目标的定位不能一蹴而就，要由浅入深，进行层次化培养。

实践教学目标是指实践教学活动预期达到的效果，反映了实践教学在学校人才培养规格与质量上的标准与要求，具有导向作用。因此，需要我们从学校的人才培养目标、宗旨和愿景出发来制定相应的实践教学课程体系。例如，美国的麻省理工学院（MIT）、新加坡的南洋理工大学和德国的慕尼黑工业大学三所高校都以工科著称，但其倡导的教育理念与模式有所不同，故每所学校实践教学的目标各有侧重。MIT 致力于培养适应社会发展的综合性、实用性及具有探索精神和创新能力的人才，其实践教学目标是一个完整的系统，具有较强的层次性。在全校本科生教育的总体目标下（general institute requirements，GIRs），各系各专业还有自己较为具体的目标。在人才培养规格方面强调对学生创造性思维、人际交往与沟通、管理技能、经济头脑、再学习能力、跨学科综合设计能力等综合素质的培养，着重开发学生面对现代社会各种挑战的知识和能力。[48-49]

南洋理工大学是一所科研密集型大学，在创新精神和企业精神（innovation and enterprise，I&E）的教育理念框架下，坚持走创业型大学的道路。在实践教学中，密切与产业界的联系，通过校内外各种实践教学环节的实施，培养学生的创业精神、跨领域创意与创新综合能力、领导能力、终身学习能力，培养具有国际化视野的学生。

慕尼黑工业大学与企业联手开展实践教学，致力于培养基础扎实、技能良好的新型高级工程技术人才——产品工程师。这种专门人才必须具备较强的专业能力、方法能力和社会能力，体现了目标的职业和实践导向。

由上述可见，MIT的通识教育模式、慕尼黑工业大学的专业教育模式，以及南洋理工大学的精英教育模式，都注重实践能力与创新能力的培养。一方面，通过课内实践使学生习得间接知识，提高其分析和解决实际问题的能力；另一方面，通过课外实践使学生获得直接经验，培养其实践能力和创新能力。既突出实践导向的能力本位，又重视"软"技能的培养。使学生在专业知识和应具备的综合素质方面具有高度的一致性。同时强调学生与社会联系、融合的自觉性和主动性，从而培养集实践能力、创新能力于一体的合格的科技人才或工程领袖，使学生能真正适应社会发展。[48]

对比国外工程教育实践教学的理念和方法，我国高等教育在工程教育实践教学方面确实存在一定差距。主要表现在：①工程教育培养目标模糊，使命感不足；②实践教学目的依然是理论知识的演示和再现，教学内容与课程体系相对陈旧，知识的融合与交叉欠缺，系统性和创新性不强；③对未来工程师所需求的软技术能力培养重视不够；④工程技术教育薄弱，工程设计和实践教育不足，远离工程实际；⑤高校教师队伍工程背景不足，实践环节师资力量有待加强和提高；等等。陈亚绒等运用文献综述、比较研究、专家访谈等一系列方法，分析发现目前工业工程专业实践教学存在的主要问题表现为：①各实践教学环节独立，多为具体的课程服务，缺少衔接纽带，没有形成体系；②实践教学体系缺乏先进性、实用性、创新性和有效性，主要是因为设备条件有限或实验设备陈旧，很多实践教学内容脱离科技发展和企业的需要；③教学模式单一，缺乏综合实践教学环节使得学生主动性和创造性难以发挥；④实验以验证性为主，缺少综合性、设计性和开放性实验，不利于学生的动手能力和创造力的培养。[50]

此外，当前国内各高校实践教学课程体系的设计方法主要是：

（1）从理论课出发，以配合理论课的讲授为目标开设实验项目。

（2）调研法，参考国内外其他学校相同专业的实验课设置。设计过程不系统，缺少对培养目标与办学定位的考虑，知其然而不知其所以然。

针对上述问题，本章中笔者在理论研究的基础上构建了实践教学体系框架模型，旨在为建立系统化的实践教学课程体系提供理论指导。[47]

6.1 实践教学体系模型的构建

笔者的研究表明，课程体系建设是一个系统工程，要从学校定位、学科背景历史传承、培养目标与使命出发，紧密结合国家社会的发展需要，兼顾学科知识更新与科技发展进程设置本科生培养课程体系，其中，实践教学体系是实现人才培养目标的重要环节。首先，在知识传授层面它起着建立学科专业知识直觉的作用；其次，它将定性、定量专业知识碎片与专业基本实践技能联系起来，进而在学生大脑中形成一个完整的学科知识体系映像，更为重要的是它是素质养成与基本技能建立的直接载体，是实现学科培养目标、完成学科培养使命的重要手段和方法。[47]基于上述考虑，本书建立了如图6-1所示的工程专业实践教学体系框架模型。

该模型框架构建了以专业核心课程为平台、促进课内和课外相结合的实践教学与理论教学一体化模式，其特色是：①从学校的类型出发，依据学校的办学定位，办学目标和使命制订理想层面的实践教学体系；②在制订正式的实践环节培养方案时，同时考虑了理论课的需要、素质教育的需要、专业教育定位（能力养成）的需要以及工程技术学位项目认证委员会（ABET）对毕业生从业能力的要求等；③根据上述两条的要求，构建实践教学环境，设计符合上述要求的实践教学方法，招聘并培养具备上述教学工作能力的实践教学师资队伍，建立可操作层面上的实践教学方案；④对大作业的认识，大作业分两类，一类是在一门课中设置的大作业，目的是在几章相关内容课堂教学结束后，安排一个大作业对刚刚讲授的内容进行综合性训练；另一类是在一个课程模块中设置大作业，目的是在几门相关课程课堂教学结束后安排一个大作业，也称课程设计，对所学内容进行综合性训练，几门相关课程课堂教学结束后安排一个大作业，也称课程设计，对所学内容进行综合性训练，无论哪一种其目的都是将所学碎片知识进行整合，过去重在应用，实际它更是一种能力训练的载体，许多能力训练的目的是通过大作业实现的。因此，将它放在实践教学体系之中。

依据上述框架模型所构建的实践教学体系可使实践课以课内和课外一体化的形式构成相互交叉、相互融合、相互渗透的整体教育体系，完成学校与学科的本科生培养使命。其中，实践教学内容是以学科核心课程为平台、以专业实践为主体、以基础实践和创新实践为两翼的逻辑框架。在教学方法上要切实贯彻理想层面实践教学的要求，落实实践教学目标，满足学校和学科在人才培养定位上的需要。

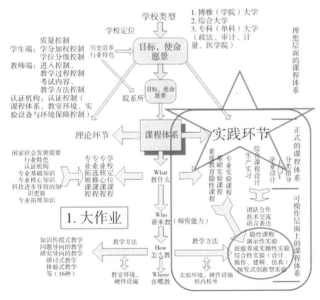

图6-1　工程专业实践教学体系框架模型

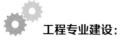

实践教学活动预期达到的效果反映了实践教学在人才培养规格与质量上的标准与要求，具有导向作用。表6-1所示为各类实践环节与教学目的的关系。

表6-1　各类实践环节与教学目的的关系

实践环节	教学目的			支撑条件
	知识传授	专业能力培养	非专业能力训练	
演示性实验	√知识理解 what			人：合格的老师
实操性实验	√	√how		机：实验设备
综合性试验		√知识理解 专业能力	√	料：实验材料
大作业	√碎片知识 整合	√综合运 用能力	√	
实习	√认识知识运 用的专业环境		√认识知识运 用的社会环境	法：实验方法、课程开发
毕业论文	综合能力训练			环：实验环境

6.2　应用案例

6.2.1　工业工程实践教学体系的顶层设计

本节以吉林大学工业工程学科实践教学体系的构建为例来展示上述模型的使用方法。吉林大学属于"双一流"大学，吉林大

学知（learning to know）
学做（learning to do）
学会共同生活（learning to live together）
学会做人（learning to be）

学工业工程系历史沿革于原吉林工业大学机械制造工艺教研室，据此，将其定位于为国家培养能为制造业提升生产与管理绩效的工业与制造科学领域高素质人才的专业，其所承担的使命是：①培养具有专业素养、敬业、乐群及人格健全的一流工业工程人才；②从事融合理论与应用，促进科技与经济发展之工业工程学术

研究；③提供学术资源与研究成果服务社会。未来愿景为：①培养出能整合理论与实用、为社会所需之工业工程人才；②提升本系学术研究以达国际水平；③促进产、学、研、官之合作，为社会提供服务；④维持且强化本系在社会及企业界的优良声望。为实现上述目标、使命和愿景建立了如图6-1所示的吉林大学工业工程实践教学体系。由图6-1可见，吉林大学工业工程实践教学体系具有模型所述的基于顶层设计的实践教学体系特色，即充分考虑了吉林大学为综合大学，以素质教育为其培养目标的学校定位，这是一个基于学校顶层需求的实践教学体系。

6.2.2　基于核心课程群的课程设计体系

正式层面的实践教学体系充分展示了以课内和课外一体化的形式构成的相互交叉、相互融合、相互渗透的整体教育体系。

在大二、大三、大四分别设置有运筹学课程设计、人因工程课程设计、物流与设施规划课程设计以及工业工程专业综合课程设计。运筹学课程设计是在学完高等数学、概率论与数理统计和运筹学后开设的一门课程设计，旨在培养学生们利用数学模型解决实际问题的能力，持续三到四周，优秀团队将被推荐参加国内外各种数学建模大赛。人因工程课程设计是在学完工作研究、人因工程和系统化创新方法课程后的一个鼓励创新的课程设计，以培养学生的创新能力为目的，并推荐优秀作品参加全国大学生创新设计大赛。工业工程综合课程设计是学生们在学完制造技术基础、工作研究、人因工程、物流与设施规划以及生产计划与控制等专业核心课程后结合生产实习而安排的一项综合性课程设计。通过上述课程设计和大作业可以将学生们所学的知识集成起来形成完整的知识链，同时教给学生如何综合不同的概念来解决各种工程问题，进而提升学生们利用所学课本知识解决工程问题的能力。此外，生产实习与综合课程设计是团队项目，在这一过程中，我们除了强调给予学生"三现"（现场、现物与现实）知识的传授外，还强

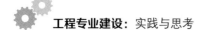

调这一过程中的团队合作能力、沟通交流能力、写作与口头表达等能力的培养。团队的组织方式为将全体学生分成若干组，每组所需完成时间不同，由三到五人组成，并由组员轮值组长，负责制定计划、实施分工、召集讨论等。每组周末写出工作总结，这作为其工作考核依据的一部分。考核成绩由论文内容、答辩、小组成员个人的总结、自评和互评组成。采分点考察的主要是：使用所学知识解决问题的能力、团队合作精神、书面表达能力、答辩过程的口头表达能力等。答辩委员会由现场专家和学校教授组成，最高成绩为团队成绩，个人成绩由队员按贡献大小互评决定。这样的任务驱动型实习培养了学生解决实际问题的能力。

6.2.3　实验课程体系

吉林大学工业工程系本科生实验课分三个层次。第一层是演示性实验。如在生产安全知识培训教育道场里进行的夹伤（被机械夹住、无法停止的作业等导致的伤害）、砸伤（重物的翻倒、滚下落下等导致的伤害）、撞伤（与车辆、叉车等的接触导致的伤害）、触电以及烫伤（与高热物接触、火灾、爆炸）等导致的伤害演示性实验。这部分实验具有风险性，适合用演示的方法，向大学生展示未来工作环境中存在的主要风险，使学生在学校就建立起切实有效的风险防范意识。此外还有工业工程系大学生礼仪规范图片展示和生产性向上演示性实验等"隐性"实践教学课程，限于篇幅这里不一一赘述。第二层是技能养成实验。这部分实验在装配操作技能培训道场进行。该道场有8个实验台，每一个实验台有一个汽车装配基本操作动作。主要培养学生如下基本意识和技能：了解零部件取出的基本操作规范、认识紧固工具的种类及使用方法、掌握紧固的基本操作规范、连接器结合的基本操作规范、管子插入的基本操作规范、镶入密封垫的基本操作规范、镶入的基本操作规范（螺旋密封垫、夹子）、粘贴纸的基本操作规范、单能型扭矩扳手的基本操作规范、半自动型扭矩板子的基本操作规范、了解手动工具（锤子）的使用方法和操作规范等内容，通过实际操作和时间测定掌握工业工程方法研究的精神内涵，为将来致力于中国制造业发展的学生打下良好的实践基础。第三层是综合性创新实验。通过对一台玩具小车的装配实验，了解生产组织模式、期量标准、现场布局、生产线平衡等概念及其对生产性的影响。进一步可以让学生以"开办一个玩具厂"为题撰写一份创业计划可行性报告。这些活动都可以在工业工程创新实验室中完成。

6.2.4 实习课设置

实习课分：认识实习、参观实习和实操性实习。具体到执行层面一是"看中学"，二是"做中学"。

参观实习是"看中学"，旨在通过观察了解：①理论课与社会、生产之间的关系；②如何使用学校所学解决生产实际中的问题，旨在培养学生分析问题和解决问题的能力。

实操性实习是"做中学"，旨在培养学生的实操技巧与技能，这类技能也可通过实操道场进行学习。认识实习既可以是"看中学"也可以是"做中学"。

目前高校学生实习的痛点是：

（1）企业不愿接纳，即使接纳，实习往往也是走马观花式的参观，学生不能近距离长期观察生产实际，更谈不上解决生产实际中的问题。

（2）成本高，师生到实习单位交通、住宿等费用太高。

为解决上述问题，笔者开发了16集的云端实习课，这也是继虚拟实验教学形态后的另一种虚拟实践教学课。

从"看中学"这个角度看，云端实习课完全能够达到原来的实习目的，并可结合参观实习实现实习课的线上与线下混合教学模式。该教学模式具有如下优点：

（1）成本低、效果好。

（2）视频内容可以跨界组织，不受参访企业地理位置的限制，可以反复看；并且可以有目的地组织视频内容，让视频本身就含有问题，达到教学过程的有的放矢。

（3）教师可以很好地参与线上指导。

缺点是无法保证学生认真参与，如果在校集中组织则可克服这一缺点。

从"做中学"这个角度看，可以通过云实习加道场实践来实现实践课的"做中学"的教学目的。

6.3 实践课程的评价标准

《学记》提倡学校建立严格的考核制度，平时的小考要经常进行，大的考核要每隔一年进行一次，每次考核必须有明确的标准。学校每年都招收新生入学，大的考核每隔一年进行一次：第一年考察学生"离经辨志"，即给经书析句分段的能力和学习志趣；第三年考察其是否"敬业乐群"；第五年考察其是否能够做到"博习亲师"；第七年考察其"论学取友"的能力，符合标准的，叫"小成"；再过二年即九年考察学生能否做到"知类通达，强立而不反"，即对知识能融会贯通，其思想和行为皆能坚实不移，符合标准的就叫"大成"。标准对于学生相当于学习目标，没有评价标准、没有反馈的大作业很难实现其教学目标。下面给出与工业工程相关各类课程设计的评价标准供读者参考。

（1）运筹学课程设计项目的设置目的：通过课设将学生所学高等数学、运筹学以及数理统计等碎片化的知识整合起来，旨在系统地培养学生运用模型思维和大数据思维的能力。运筹学课程设计的评分标准如图6-2所示。

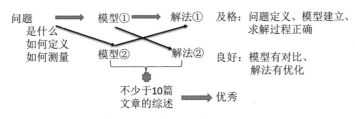

图6-2　运筹学课程设计的评分标准

（2）人因课程设计的设置目的：旨在将工程思维、人因工程、系统化创新设计方法以及机械设计课程中所学知识进行集成应用，以培养学生以人为本的设计思维能力。人因课程设计的评分标准如图6-3所示。

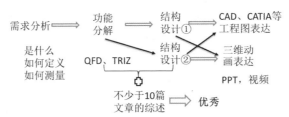

及格：人因知识应用得当，设计流程完整，需求分析、功能分析、结构设计、工程图表达正确

良好：结构有对比，视图有动画，PPT表达得当

图6-3　人因课程设计的评分标准

（3）设施规划课程设计的设置目的：旨在培养学生综合利用物流设施规划、设备可靠性、仿真建模等知识解决工厂设计规划中的实际问题的能力。

及格：能够正确利用系统化布局规划（SLP）基本知识进行案例分析，布局规划步骤完整无明显错误。

良好：能对布局方案建立正确的仿真模型，设备可靠性等仿真参数设置合理，模型进行了有效性验证，进行了两个及以上模型的对比分析。

优秀：能严格插照图6-4所示流程图进行设施规划，且有不少于10篇文章的综述，设计说明书撰写符合学术规范。

工程专业建设：实践与思考

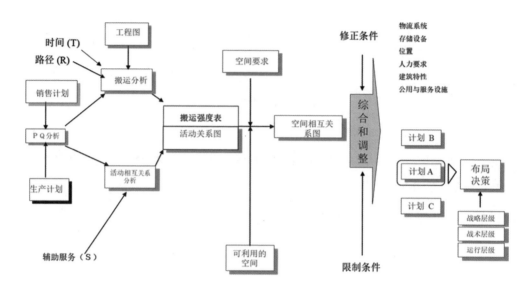

图6-4 设施规划的基本流程

（4）实习内容、要求与评分标准如图6-5所示。

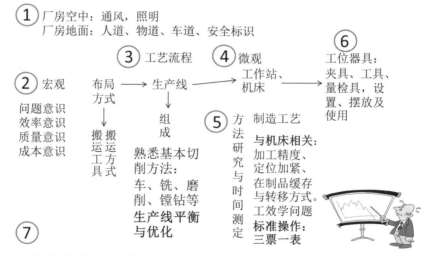

图6-5 生产实习内容

实习过程需关注图6-5中①～⑦各项内容，并在实习报告中有所体现。实习要求及评分标准见图6-6。

实习时间：8月23日—9月1日

实习地点：云端

认识工厂

走入工厂

机械加工
装配线
物流仓储

道场培训

实习答辩日期：9月8日

评分方法

实习成绩按出勤、实习日记所包含的实习要素和答辩情况定。

实习要求

➢ 每天实习结束要交一份实习日记（电子版）。

➢ 小组内部要制定实习学习计划，并在相应时间节点提交有关文件。

➢ 每周日各个小组要汇报一次实习心得

➢ 实习汇报内容不能缺项。

图6-6 生产实习内容、要求及评分标准

（5）综合课程设计的内容、要求与评分标准如图6-7所示。

综合课程设计内容由以下三项组成

① 夹具设计，低成本自动化转运工具设计选其一；设计要求绘制二维、三维图

② 下述三项设计任意选其一
◆布局优化
◆生产线平衡优化
◆工作研究与工艺流程优化分析

③ 工效学设计和改善

课程设计时间：9月10日—9月28日

成绩评定方法

◆ 小组成员由3～5人组成

◆ 小组成绩为本组最高成绩
例如：若小组成绩为优，那么小组成员成绩2或3优+1或2良

★**答优申请制：**
实习结束后，同学们对课程设计有信心答优的可以申请，并制作展板予以展示

设计强调方法的使用：
运筹学、优化、统计分析的方法、仿真的方法及工效学分析的方法

图6-7 综合课程设计内容、要求及评分标准

综合课程设计的质量要求，可根据学生的选择，参考前述运筹学大作业、人因大作业以及物流与设施规划大作业的评价标准进行评价。

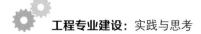

（6）毕业设计及毕业答辩过程的质量控制。

本科生毕业设计通常安排在大四的最后一学期，而实际情况是：在这一学期学生要忙于找工作或者忙于与签约单位沟通协商，甚至部分签约单位要求学生前往实习和培训。多年的实践经验表明：由于学生投入的时间和精力较少，本科生毕业设计的效果并不理想。但实际上基本没有学生因为这一环节成绩不合格而无法毕业。这就导致学生普遍不重视毕业设计，不认真的学生在所有实践环节都是敷衍了事，甚至抄袭作弊。因而，需从实际出发，实施人性化的分类指导。如对于已经考取了研究生的学生，可以直接参加到相关课题组从事科学或工程研究，以撰写学位论文的方式完成自己的学业；而对于那些无心学术研究并且已经找到工作的学生，完全可以按照其自己的意愿到签约单位实习并以完成一个改善项目的方式完成自己的学业。

具体分类指导措施如下：

保研生：进入指导教师课题组，开展有关课题研究。

考研生：考研结束后，与指导教师协商选题，或以综合生产实习和综合课程设计为背景开展毕业论文的选题。

工作生：鼓励实习，以实际问题为背景，做一个改善案例，并将其按学校要求撰写为毕业论文。

工业工程系将毕业设计答辩分为两场，第一场是评优答辩，第二场为"评差"答辩。毕业设计成绩实行"优秀"申请制，即想取得"优秀"的学生需要在本学期开学前提出申请。这个制度的好处在于，针对申请优秀的学生，教师会给予重点指导，同时上进的学生会以此为动力在毕业设计环节投入更大的精力，以此提高此类学生的毕业设计水平。在形式上，要求申请优秀的学生答辩前制作展板，展示研究主题、研究思路、研究方法与研究结论，进一步锤炼学生的研究能力。"评差"答辩以检验学生是否具备毕业设计所要求的基本能力为主，使学生在教师"评差"的压力下，自觉增加对毕业设计的精力投入，提高设计（论文）水平。通过对毕业设计（论文）答辩环节的控制，一方面可以实现对学生的分类指导；另一方面可以达到通过"抓两头促中间"，进而提升本科生毕业设计（论文）质量的目的。具体评分标准如下：

及格：能够运用工业工程基本知识解决一个与制造或服务业相关的问题，基本知识运用得当，没有错误，具有一定的文字表达能力，所撰写的毕业设计论文结构完整。

良好：问题明确，分析正确，解决问题的方法得当（取自工业工程领域的基本方法和工具，对工具的理解正确，使用得当），方法或方案有对比（如模型方法和仿真方法的对比），论文撰写符合学校对毕业论文的要求、规范。

优秀：在良好标准基础上，具有一定的文献分析和研究能力，PPT及口头表达逻辑清楚，答辩过程回答问题正确。

表6-2给出了大作业、团队合作组内与组间成绩评分表供参考，表6-3给出了组员贡献表。

表6-2 大作业、团队合作小组间评分表

组别 评价者 被评价者 导师	排序	得分				
		5	4	3	2	1
序号	能力和行为 （skills and behaviors）	大大超过要求 （greatly exceeds）	一直满足要求 （consistently exceeds）	满足要求 （meets req's）	有时能满足要求 （sometimes meets req's）	不满足要求 （unsatisfactory）
1	时间管理 （time management）					
2	问题解决 （problem solving）					
3	技术知识运用能力 （technical knowledge）					

续表

组别 评价者 被评价者 导师		排序	得分				
			5	4	3	2	1
4	积极性 （motivation）						
5	可信度 （reliability）						
6	团队合作 （teamwork）						
7	书面表达 （written communication）						
8	口头表达 （oral communication）						

表6-3 大作业、团队合作组员贡献表

组别 评价者 被评价者 导师		组内排序	得分				
			5	4	3	2	1
序号	能力和行为 （skills and behaviors）		大大超过要求 （greatly exceeds）	一直满足要求 （consistently exceeds）	满足要求 （meets req's）	有时能满足要求 （sometimes meets req's）	不满足要求 （unsatisfactory）
1	计划 （planning）						
2	决策能力 （decision making）						
3	时间管理 （time management）						
4	问题解决 problem solving						
5	技术知识运用能力 （technical knowledge）						
6	灵活性 （flexibility）						

组别 评价者 被评价者 导师		组内排序	得分				
			5	4	3	2	1
8	积极性 （motivation）						
9	可信度 （reliability）						
10	团队合作 （teamwork）						
11	书面表达 （written communication）						
12	口头表达 （oral communication）						
13	对成绩的贡献 （gets results/ contributes）						

6.4 实践教学环境设计

为实现吉林大学工业工程学科的培养目标、使命和愿景建立了"基于道场文化的工业工程实践教学基地"。

"道场"是一种先进的人才技能培养方式，是沙盘的升级版、工厂的仿真版。道场源自丰田汽车公司，是其人才育成的重要载体，普遍应用于世界各地的丰田工厂。吉林大学工业工程创新实验室设立的宗旨在于将这一丰田人才育成方法移植到工业工程专业的本科生实践教学中，在传授基础工业工程核心课程理论知识的基础上，构建以工业工程创新型人才育成为目标，坚持理论联系实际的原则，秉持知行合一的理念，集理论学习、能力培养与创新实践于一体的综合实验教学平台。该实验室所承载的使命是构建学用结合之桥梁。通过该实验室的有效运作，在学校与企业间搭建一个人才培养的平台，使得经过该实验室培养的学生

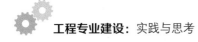

能够掌握工业工程专业的基本知识和实践技能，熟悉企业运作的基本模式。该实验室的未来建设与发展愿景是通过持续不断的建设和完善，把该实验室建设成能服务于国家和地区经济建设的人才培养平台，促进产、学、研、官之合作，为社会提供服务。实验室共分为两个部分——技能训练区、综合创新实验区。

6.4.1 技能训练区

1. 更衣登记处

进入实验室必须穿实验室配备的工作服和鞋套，并登记自己进入实验室的时间，便于使学生体验真实工厂的"两穿一戴"原则，以及便于查找责任人。

2. 人因研究区

在人因研究区内，为学生配备血压测量计、跑步机、健身自行车、电子台阶测试仪、仰卧起坐测试仪等设备，为获得人体的基本数据提供依据。上述测试所得数据不仅可以用于体力负荷的分析，也可为以后劳动强度的界定提供数据支撑。不仅如此，通过上述实验，还可强化培养学生在以后的操作标准设计中考虑人因的意识，减少不合理、不均衡、不经济的动作，杜绝浪费现象，在保证不产生疲劳损伤的前提下，更好地提高工人的工效。

3. 装配操作技能培训道场

该区域主要是针对传统工业工程专业的主要内容"方法研究与时间测定"的实践教学而设立，在这个区域内，共有8个训练台。在每个训练台处都配有操作手册，学生通过自己动手操作，利用动作分析、双手操作分析等知识解决实验中出现的问题。利用摄像仪分析有无多余动作、重复动作、无效动作，反复使用"5W1H"（what, where, when, who, why, how）提问技术及ECRS原则（取消、合并、重组、简化）不断地改进自己的动作方法，并学会制作标准作业工艺文件。

4. 生产安全知识培训教育道场

该区域针对"工业安全与环境保护"这门课程的实践教学而设立。基本教育理念是"作业是从安全开始的"。在制造业工作的人，通过安全之门才能上班！该区域由STOP6［卷压挤入伤（夹伤）、重物砸伤、车辆碰撞、高处坠落、触电、高热物烫伤］和危险预知（KYT）训练的情景图片展示两部分组成。STOP6是指丰田汽车公司对以往20年间发生的重点事故进行分析，将重点事故分为6个项目，并基于此查清危险度高的事故，对其进行彻底的改善，防患于未然的活动。

6.4.2　综合创新实验区

该区域主要由两部分组成：计算机仿真建模区、生产计划与控制专题研讨区。该区域主要用于"生产系统建模与仿真""生产计划与控制""物流工程与设施规划"三门课的实践教学及工业工程课程设计的创新教学。在该实验区模拟丰田道场的人才育成方法，设置各种问题，培养学生现场发现问题和解决问题的能力。

1. 计算机仿真建模区

该区域由若干台电脑和仿真软件组成，仿真软件有用于工作地设计的Workplace Planner、Flow Planner/Layout Planner，离散事件仿真软件Flexsim、Areaner、Simio、eM-Plant以及动力学系统仿真软件AnyLogic等生产系统建模与仿真软件。

2. 生产计划与控制专题研讨区

该区域由沙盘模拟和一条装配生产线组成，主要用于生产计划与控制问题的沙盘模拟、实验和研讨。通过创新型实验设计，将丰田生产方式融入其中。在实验中，让学生体会丰田生产方式中的看板、生产节拍、JIT（准时化）、均衡化生产、零库存等先进管理理念。同时培养学生的"5S"（整理、整顿、清洁、

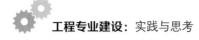

清扫、素养）意识，使实验现场保持整洁。

从上述实验室的各部分功能描述可以看出，该实验室具有建立工业工程学直觉知识的演示功能模块、方法研究与时间测定技能养成模块和综合性创新实验模块，基本可涵括本系所承担的人才培养目标、使命和愿景定位。

所有实验环节都配有如图6-8、图6-9所示的标准操作指导，标准操作指导本身是工业工程专业思维训练的一部分，实验课后要求学生根据自己的实践体验进行改善。

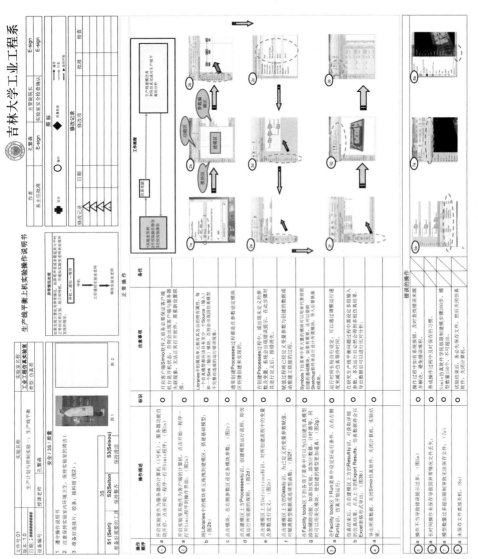

图6-8　生产线平衡上机实验标准操作指导

工程专业建设：实践与思考

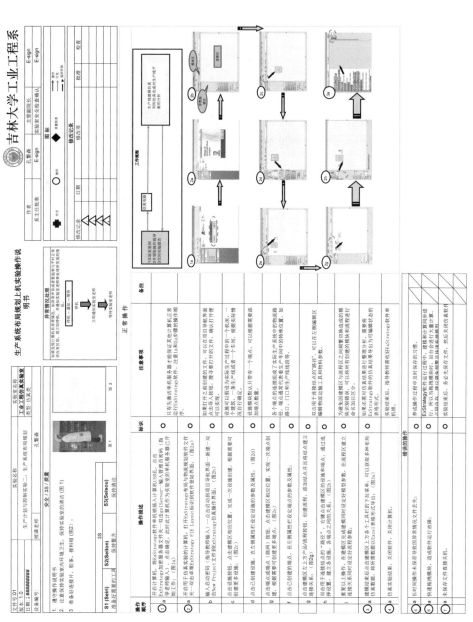

图6-9　生产系统布局规划上机实验标准操作指导

124

6.5　总结与思考

（1）实践教学是实现学校定位与培养目标的重要环节和手段，相应的实验室与实践基地建设也应有准确的与培养目标及课程体系相适应的定位、目标和使命，在理论层面与执行层面上的实践教学体系均应体现学校与学科定位，以系统的思想看待实践教学环节，这样才能建立起行之有效的实践教学体系。

（2）尽管每所学校在每个实践模块设置的实践内容不尽相同，形式各有特色，但所给出的工业工程实践教学模型框架都是以学科核心专业课为平台、以专业实践为主体、以基础实践和创新实践为两翼的逻辑框架，具有普适性。

（3）近20年吉林大学工业工程系的实践教学经验及成果表明：笔者所建立的工业工程专业实践教学体系框架模型对工业工程专业的实践教学具有指导作用，是能够促进课内和课外相结合的实践教学与理论教学一体化的模式，其特色是在培养方案中将理论课、实践课以课内和课外一体化的形式构成相互交叉、相互融合、相互渗透的整体教育体系。

（4）课程集群及其大作业形式、实习课的线上线下混合教学具有创新性。能力培养必须在讲授、研讨、面授答疑几个环节有所分工，不建议无底线的翻转和无底线的混合。

实践教学体系和方法与所在学科的目标和使命紧密相关，这与大学的组织架构及学科划分方法有关。首先，国外大学更注重按照学科的使命和目标进行学科分类；国内大学由于受苏联模式的影响，对不同学科的不同使命和目标重视不够。其次，国外大学注重从学科建设和市场情况两方面综合考虑，分层次设置学院；国内大学则往往按照基础学科加实用学科的模式，按照专业门类设置学院。上述原因致使国内许多大学及其学科要么定位不准，要么就根本没有定位，结果导致对人才培养的思路不清，方法不当。实践课能否实现其教学目标关键在于其评价标准，没有标准就没有质量，不当的标准，不仅会导致教学目标难以实现，还可能助长学生的不良习惯。但是这里给出的标准是建议标准，它不是永恒的标准，是需要不断改善、完善的标准。读者可以根据自己的实践加以完善。

此外，人们习惯于将实践课与实验和实习联系起来，而忽视大作业在能力培养中的重要作用，实际单门课程的能力培养可以以各类项目式大作业的方式实现课程要求的能力培养。

从工程设计的视角 第七章
重构教学设计过程

天赋的力量大于教育的力量。

——伏尔泰

学而不思则罔，思而不学则殆。

——孔子

设计是拒绝任何规则与典范的，本质就是不断地超越与
探索。

——菲利浦·斯塔克

7.1　教学设计的历史沿革

教学是教师的教和学生的学的共同活动。即学生在教师有目的、有计划的指导下，积极、主动地掌握系统的文化科学基础知识和技能，发展能力，增强体质，并形成一定的思想品德。M.H.斯卡特金认为，教学是一种传授社会经验的手段，通过教学传授的是社会活动中的各种关系的模式、图式、总的原则和标准。

杰罗姆·布鲁纳（Jerome Seymour Bruner）则将教学定义为是通过引导学习者对问题或知识体系循序渐进的学习，来提高学习者正在学习中的理解、转换和迁移能力。[61]与教学相关概念如图7-1所示。

图7-1　与教学相关概念（来自华中师范大学杨九民PPT）

教学方法是在教学活动中，为达成教学目、完成教学任务，运用到的方法与手段的总称。具体的教学方法一般包括相应的指导思想、基本方法、具体方法和教学方式。教学方法强调方式、手段。

教学模式是在教学思想或理论指导下较为稳定的教学活动结构框架和活动程序，能体现教学活动各要素的关系，具有有序性和可操作性。通常包括：理论

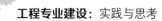

依据、教学目标、操作程序、实现条件和教学评价。教学模式强调程序。

教学策略是为实现教学目标而制定的、付诸教学过程的整体方案。包括合理组织教学过程，选择具体的教学方法和材料，制定教学流程。教学策略强调计划。

教学设计是根据课程标准的要求和教学对象的特点，将教学诸要素有序安排，确定合适的教学方案的设想和计划。一般包括教学目标、教学重难点、教学方法、教学步骤与时间分配等环节。

所谓设计在不同领域的说法有众多不同，但是不管哪种说法，其精髓都包括创新或"无中生有"这一要素，所以广义的设计不但包括工程设计，艺术家（如画家）、文学作家的创作都可以视为这种以"创新"作为主要工作的一种。因此，要在教学过程中体现"创新性"，良好的教学设计是必经之路。

然而"教学设计"与前述所有设计行为均不同，从理论上没有把它与创新紧密联系起来，在实践中，至少在中国高校教师这个群体中对教学设计的创新元素的认识的高度与科学研究相比逊色很多，甚至很难将教学设计与创新联系起来。那么教学设计是什么呢？

对教与学的活动进行计划和安排是历来有之的。早先，人们把主要精力放在分别探索学习机制和教学机制上，对教学过程中涉及的教师、学生，教学内容、教学方法和手段等各个要素及其相互间的关系进行了大量的研究，对整个教学过程及各个阶段的设计、对教学中各个要素的配置仅仅停留在经验型传统的安排与计划上，但是，在实践中遇到了许多对这些要素如何协调、如何控制的问题，从而萌发了一些科学地进行教学计划的原始构想，今天，有的学者认为最早提出这种构想的先驱是美国哲学家、教育家杜威（J. Dewey）和美国心理学家、测量学家桑代克（E. L. Thorndike）。杜威在1900年曾提出应发展一门连接学习理论和教育实践的"桥梁科学"，它的任务是建立一套与设计教学活动有关的理论知识体系。桑代克也曾提出过设计教学过程的主张和程序学习的设想。[62]

教学设计作为一种理论孕育于第二次世界大战之后的现代媒体和各种学术理论（如传播学、学习与教学理论，特别是系统科学），是在教育技术学形成发展过程中派生出来的。

第二次世界大战期间，美国要在最短的时间里为军队输送大批合格的士兵和为工厂输送大批合格的工人，这一急迫任务把当时的心理学和视听领域专家的视线引向学校正规教育体系之外，关注当时社会所能提供的一切教育、教学手段，关注教学的实际效果和效率。心理学家们努力揭示人类是如何学习的，提出了详细阐明学习任务（任务分析）的重要性以及为保证有效教学，让学生或被训人员积极参与教和学的原则；视听领域的专家致力开发一批已被公认的学习原理（如准备律、连续原理、重复原理、反复练习律、效果律等）设计有效的幻灯片、电影等培训材料。[63]这些都是把学习理论应用于设计教学的实践的最初尝试。

20世纪50年代中期，斯金纳（B. F. Skinner）改进和发展了教学法，以新行为主义心理学的联结学习理论为基础，创造了程序教学法。这种方法以精细的小步子方式编排教材，组织个别化的自定步调和即时强化的学习。在60年代初期以前，程序教学停留在对程序形式及程序系列组成的研究上，到中期便转移到对目标分析、逻辑顺序等问题的研究，要求程序教学的设计者根据教学目标来配置刺激群与反应群的关系，把注意力集中在最优的教的策略上来。由于这一时期，系统科学已被引入教育领域，教育技术也已发展到系统技术阶段，系统研究教学过程的思想逐步受到人们的注意。60年代后期，许多教育家和心理学家通过众多的教学试验，越来越发现决定教学（学习）效果的变量是极其复杂的，要设计最优的教学过程，最初教学目标的设定和控制教学目标指向与各种变量的操作是十分重要的，并且确认只有引入系统方法进行设计操作，才可能做到对教师、学生、教学内容、教学条件等各种教学要素进行综合、系统的考

虑，协调它们之间的错综关系，制定出最优的教学策略，并通过评价、修改来实现教学过程的优化。另外，许多教育、心理方面的专家从各个方面、各个要素对有效教学进行探索，陆续提出的关于教育目标分类和学习目标的编写［代表人物有布卢姆（B. S. Bloom）、马杰（R.F. Mager）等］、学科内容组织和任务分析及学习条件［代表人物有加涅（R. M. Gagne）、西摩（W. D. Seymour）和格莱泽（R. Glaser）］、视听媒体和其他教学技术的作用［代表人物戴尔（E. Dale）、芬恩（J.D. Finn）］、个别化教学［凯勒（F. S. Keller）的个别化教学系统（personalized system of instruction, PSI）和波斯特斯威特（S. N. Postlethwait）的导听法（audio-tutorial method, ATM）］和评价（布卢姆等）等各种理论为教学设计理论的建立和发展也做好了铺垫工作。从此，人们对教学过程分散的、割裂的研究在系统思想指导下统一了起来，各种有关的理论也被综合应用于教学过程的设计之中。

人们利用系统方法对教学各要素做整体性探索，揭示其内在本质联系，进行了大量的系统设计教学的实际工作，形成和提出了对教学进行设计的系统过程理论，并创造了教学设计过程的模式。最早以"教学开发"这一特定词命名的模式发表于1967年，它是美国密歇根州立大学为改进学院的课程，在巴桑（J. Barson）博士指导下进行的"教学系统开发：一个示范和评价的项目"研究中提出的。它因是当时很少提到的几个评价的模式之一而著名。还有戴尔（H. Dale）在美国俄勒冈州高等教育系统的数学研究部创造了另一个经典的模式，其特点是提出模式的两种表现形式：简单形式便于和用户交流，复杂形式含有详细的操作部分是为设计工作者所需要的。这一模式到1971年被发展为高交互（interaction）———同步差异化（differentiation）———一对一（individuation）的IDI智慧课堂教学模式，且被广泛利用。[64]

综上所述，到20世纪60年代末教学设计便以它独特的理论知识体系、结构而立足于教育科学之林。自70年代以来，教学设计的研究已形成一个专门的领域，成果日益丰富。至今关于教学设计的理论著作和各种参考文献已举不胜举，例如，加涅和布里格斯（L. J. Briggs）的《教学设计的原理》、肯普的《教学设计过程》、罗米斯佐斯基的《设计教学系统》、克内克等的《教学技术：一种教育的系统方法》、赖格卢思的《教学设计的理论与模式》和布里格斯的《教学设计程序的手册》等都系统地介绍了教学设计的基本原理和基本方法，在教学设计实践中创造的教学设计过程模式也有数百种之多，在许多发达国家中，教学设计已成为教育技术学科领域中重要的专业方向。

7.2　教学设计的基本概念

教学设计的主要理论有建构主义学习理论、最近发展区理论、有意义学习理论、多元智能理论以及系统论和程序论的思想等。

1.教学设计目的

教学设计的目的是提高教学效率和教学质量，使学生在单位时间内能够学到更多的知识，更大幅度地提高学生各方面的能力，从而使学生获得良好的发展。

2.教学设计的基本理念

（1）面向全体、全面发展。提高学生身体素质、心理素质、道德素质、文化素质、审美素质、劳动素质和交往素质。

（2）承认差异、因材施教、发展个性。通过有效的教学，使不同程度的学生都能在各自原有的基础上得到提高和发展。同时，使其潜能得到发挥，个性得到发展。

（3）重点培养学生的创新精神和实践能力。在教学上要着力为学生营造一

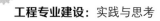

种生动活泼、思维活跃、平等和谐、积极参与和探索的教学氛围以及教学情景。

（4）培养学生学会学习、学会生活、学会做人、学会生存。学会学习主要是培养学生掌握学习方法和学习策略，为终身教育打好基础；学会生活主要培养学生独立生活的能力、动手操作能力、交往能力和健康生活的能力，为适应现代社会生活打好基础；学会做人重点培养学生的思想道德和爱国情操，使其做一个遵纪守法、文明有礼的世界公民；学会生存重点培养学生适应环境、改造环境的能力。

3. 教学设计的特征

（1）教学设计是把教学原理转化为教学材料和教学活动的计划。教学设计要遵循教学过程的基本规律，选择教学目标，以解决教什么的问题。

（2）教学设计是实现教学目标的计划性和决策性活动。教学设计以计划和布局安排的形式，对怎样才能达到教学目标进行创造性的决策，以解决怎样教的问题。

（3）教学设计是以系统方法为指导的。教学设计把教学各要素看成一个系统，分析教学问题和需求，确立解决的程序纲要，使教学效果最优化。

（4）教学设计是提高学习者获得知识、技能的效率和兴趣的技术过程。教学设计是教育技术的组成部分，它的功能在于运用系统方法设计教学过程，使之成为一种具有可操作性的程序。

7.3 教学设计的基本原理与思想

7.3.1 教学设计的基本原理

（1）目标导向原理。在教学设计中，教学目标起着导向作用。教学目标的导向作用主要有三种。①目标的指向作用：使师生把注意力集中到与目标有关的问题上。②目标的激励作用：能启发、引导学生的学习动机、兴趣与意向。③目标的标准作用：一是目标成为检查教学效果的尺度；二是反过来教学效果成为评价教学目标的合理性、适切性的依据，以便调整目标。

（2）教学结构的整体优化原理。教学过程中各要素处于不断变化之中，因此，必须从动态的、综合的角度加以考察。每一个要素都会产生一定的力，但形成最后教学效果的力并不是各要素的力的简单加和，而是各要素关系之间构成的"合力"。这是教学设计必须遵循的一条重要原理。善于利用一切积极因素，克服不利因素，争取最大合力，这是教学设计的主要任务。

（3）教学活动的系统有序原理。教学活动的系统有序是指教学要结合学科内容的逻辑结构和学生身心发展情况，有次序、有步骤地进行，以利于教学目标的达成。

教学有序不但包括知识教学要按照学科知识的逻辑顺序进行，而且包括能力、情感教学也要有一定的顺序和层次。

教学有序不仅要表现在教师的教的活动上，而且也要体现在学生本身的学习上。不仅要贯穿于课堂教学中，而且也要贯穿于其他教学活动中，即贯穿于整个教学过程。

（4）反馈控制原理。为使教学过程有序进行，达到预期目标，必须对教学过程进行有效控制，及时纠正出现的偏差，采取补救的措施。

教学设计中对教学过程的控制主要通过师生之间的信息反馈（前置反馈、即时反馈、延时反馈）进行。

7.3.2　教学设计的主要思想

根据1989 年再版的《教育技术国际大百科》中的描述，在教学设计的形成和发展过程中主要存在以下五种思想：

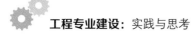

1. 艺术过程的思想

教学设计是一个艺术过程的思想是受传统教学观影响产生的，即认为教学是艺术，教师是艺术家，教学设计是教师的任务，不同教师执行同一教学任务是不可能一样的；另外，教学设计过程中对各种媒体材料，特别是电影、电视、幻灯片、照片、图表等的设计，为了能引起和保持学生的注意力必须采用艺术表现方式来达到目的，所以设计也是一个艺术创作过程。因此，设计人员只有知识、资格和经验是不够的，其应该具有更好的艺术素质与创造性。

2. 科学过程的思想

教学设计是一个科学过程的观念也有很长和很复杂的历史。早在19世纪初，夸美纽斯（J. A. Comenius）和赫尔巴特（J. F. Herbart）就提出过"教育科学"的观点。但设计是科学过程的思想的早期探讨和研究却是与程序教学直接相连的，斯金纳在1954年发表的文章《学习科学和教学艺术》中也定下了科学过程的基调，并在程序教学中利用联结学习理论来安排教学材料、教学步骤。

一般认为，教学设计分为宏观和微观两个层次，宏观教学设计是把科学合理的决定建立在比较型的经验研究基础上，对两种媒体或两种方法的处理进行比较，但由于涉及的变量太多，始终未提出满意的设计建议；微观教学设计关心知识概念、技能和某种思想的传播，教学理论、学习理论被引入以保证微观设计的科学合理性。现代认知心理学的迅速发展为教学设计提供了更为有用的科学观点，但是，将教学设计作为科学过程的思想还要依赖教育、教学、心理等教育科学的进一步完善。

3. 系统工程方法的思想

由于教学涉及人这个因素是非常复杂的，它很难像自然科学那样有固定的因果关系。对教学设计者来说还没有这样的经验证据，即某一科学决策必然取得最优的教学效果。但当许多实践者用工程学的办法代替科学方法时，人们很快发现按科学原理设计的项目不一定奏效，而用工程学的方法则使设计人员发现他们几乎不懂得学习是什么，但却可通过改进性的测试来提高他们的设计。系统方法从工程学中被引进和采纳到教学设计中，使教学设计不仅在理论上有了科学根据，同时也找到了科学设计运行的实际操作方法，通过系统分析和不断测试提供的反馈信息的控制来使科学设计的教学达到预期效果。

4. 问题解决方法的思想

随着教学设计的方法、技术的日益丰富和复杂，随着教学设计任务的增多，领域的扩大，需要并出现了专门的教学设计人员，他们应用目标分类、需求分析、学生预测、评价和修改等技术去改进原有的课程计划、建立新的专业计划或开发新的学习材料。因此，他们非常关心原来的教学失败在哪里，教学问题是什么，他们从实践中体会到只有真正地抓住问题所在，才能着手有效地解决它。强调教学设计是问题解决方法的优点在于它以鉴定问题开始，通过选择和建立解决问题的方案，试行方案和不断评价、修改方案从而达到解决问题的目的。一方面把精力和注意力集中放在真正需要解决的教学问题上；另一方面，它在需要分析基础上，提倡创造性地研究问题，要列出每一种可选方案的优缺点，反复思考，不要过早下结论，这样做对全面探讨各种方案，抑制某些不成熟的方案和建立优化方案是很有用处的。

5. 关注人的因素的思想

教学设计任务的发展对教师和设计人员提出的素质要求愈来愈高。他们个人的教育价值观和标准，他们的事业心和态度，他们的生活经验和合作技能，他们获得反馈的能力、写作能力以及对教学方案和教学产品的想象能力等都对设计质量有很大的影响。因此，教学设计应抓好教师和设计人员的素质培养。

以上论述的五个思想并不是完全割裂的，它们是在不同阶段，从不同侧面、不同角度来描述教学设计的过程，并在教学设计发展历程中交替和统一。[65]

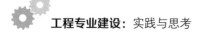

7.3.3　教学设计模式

尽管对"教学设计"的国内外解读众多，但显然可视教学设计为"交互设计"中的一种。交互设计顾名思义就是以"交互"为设计对象的设计，也就是说交互设计对象的重点已经由设计物理方面的内容（传统意义上的产品：机械、造型等）转变为设计人与人、人与产品（广义产品）之间交互的内容与方式。文诺格莱德（Winograd）把交互设计描述为人类交流和交互空间的设计。[65]从这层含义来说，我们可以理解为交互设计是关于创造新的相互交流的设计，而交互空间所设计的是新的交流手段。笔者认为教学设计也可描述为"对师生交流、交互进程、交互空间以及交互机制的设计"，交互机制是指交互作用在时间尺度上所表现出的特性，如知识迁移与能力成长进程等。

现代信息技术介入课堂教学，冲击了原有课堂教学中的师生两极关系，媒体、教师与学生构成了教学系统中的三极，从而导致了传统课堂教学模式的变革，现代信息技术整合到课堂教学中，所引发的不仅仅是教学手段的变化，它实际上引起了教学观念、教学模式的变革，因此，需要教师从现代信息技术的视角设计新型的教学模式，开发有效的学习活动，促使学生高效地获取知识、锻炼思维、发展能力。

在教学设计研究领域具有代表性的教学设计模式主要有：

1.行为主义的教学设计模式

作为一种理论和学科，行为主义的教学设计诞生于20世纪50年代的美国。

（1）理论基础。行为主义理论是研究有机体行为的一个学习心理学派。

（2）代表模式。在行为主义的教学设计模式中，影响最大、最有代表性的当推斯金纳（Burrhus Frederic Skinner）的程序教学模式。

以行为主义心理学理论为基础的教学设计，以刺激-反应联结为基本出发点，侧重于简单行为的习得，而未能对人在学习过程中所经历的认知转变以及复杂行为方式的相应转变做出深入、全面的设计。

图7-2给出了笔者对行为主义教学设计模式的解释，数据是对客观事物的符号表示，是描述客观事物的数字、字符以及所有能输入到计算机中并能为计算机所接收的符号集。教师根据自己的经验和理解将数据加工成信息通过课堂传递给学生。信息（information），有情报、资料、消息、报导等含义，也是"知识和技能"的载体。这些信息只有一部分被学生选择，而且不同学生的选择也是不一样的，这是导致学生成绩差异的主要原因。

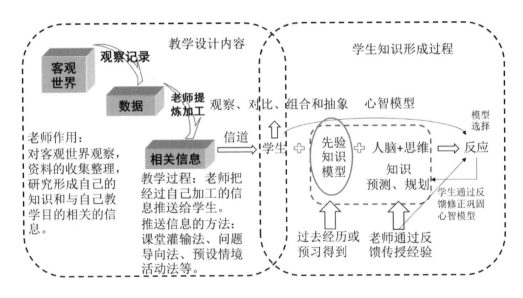

图7-2　行为主义教学设计模式

行为主义者认为人类的心理行为是内隐的，不可直接观察和测量。可直接观察和测量的是个体的外显行为。他们主张用客观的方法来研究个体的客观行为，并提出"心理即是行为"的观点。他们认为，如果给个体一个刺激，个体能提供预期的反应，那么学习就发生了。

2.认知主义的教学设计模式

认知结构就是按层次的形式组织起来的诸多类属者，类属者即概念或观

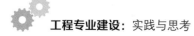

念，众多的类属者按照层次组织起来就是认知结构。

（1）理论基础。认知主义的教学设计是建立在认知心理学理论基础之上的。

（2）代表模式。代表性的认知主义教学设计模式主要有：赞科夫（Занков Леонид Владимирович）的教学设计模式、瓦根舍因（Martin Wagenschein）的教学设计模式、加涅（Gagné，R. M）的教学设计模式、布鲁纳（Jerome Seymour Bruner）的教学设计模式等。

认知学派否定了行为主义所倡导的学习是机械的、被动的（刺激-反应）联结的观点，主张研究个体的内部心理活动。认知学派认为学习是个体积极的信息加工过程，教学应该按照信息的心理加工顺序准备教学活动。

图7-3是笔者对认知主义学习原理的解读，其核心是尊重学生的选择，给学生创造选择的机会，强调选择的责任，培养学生独立性人格，"以学生为中心"这一口号不利于独立性人格的培养，会促进学生依赖性人格的形成。

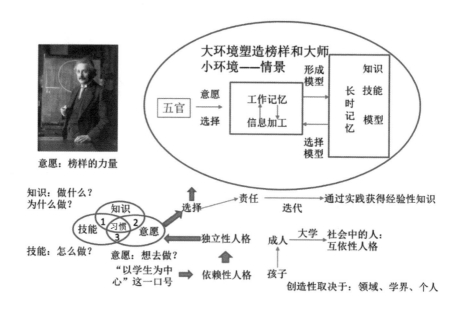

图7-3　笔者对认知主义学习原理的解读

认知学派对教学设计的主要启示包括：学习过程是一个学习者主动接受刺激、积极参与意义建构和积极思维的过程；学习受学习者原有知识结构的影响，新的信息只有被原有知识结构所容纳（通过同化与顺应过程）才能被学习者所学习；要重视学科结构与学习者认知结构的关系，以保证发生有效的学习。教学活动的组织要符合学习者信息加工模型。教学设计的Gagne＆Briggs程序如图7-4所示。图7-5则给出了教学设计的Dick＆Carey模型。

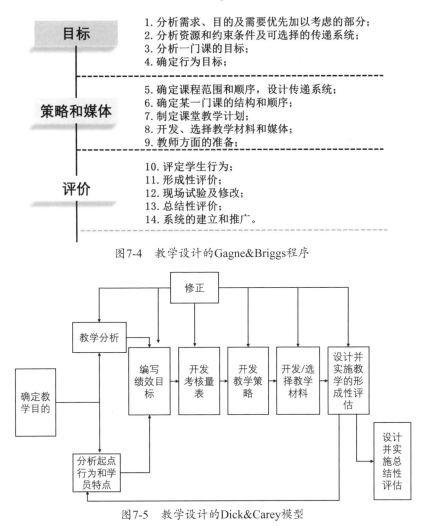

图7-4 教学设计的Gagne&Briggs程序

图7-5 教学设计的Dick&Carey模型

3. 建构主义的教学设计模式

建构主义认知论是对客观主义的根本超越，它"极大地摧毁了经验实在主义，经验实在主义主张以独立于观察者的物质和现象表征现实"[69]。

（1）理论基础。作为一种学习的哲学，建构主义最早可追溯到18世纪的哲学家维柯（Giovanni Battista Vico）。建构主义的学习是教师指导下的以学习为中心的，这样的学习具有六个核心特征：积极的、建构的、累积的、目标指向的、诊断的、反思的。

（2）代表模式。支架式（scaffolding instruction）、抛锚式（anchored instruction）、随机进入（random access instruction）。

强调教师指导下的以学生为中心的建构主义的学习理论对传统的教学理论、教学观念、教学设计提出了挑战，意味着在教学当中应当采用全新的教学设计思想、全新的教学方法、全新的教学设计模式。

"以学生为中心"的教育理念于1998年由联合国教育、科学与文化组织明确提出。该理念起源于建构主义理论，强调以学生的学习和发展为中心，实现从以"教"为中心向以"学"为中心的转变、从"传授模式"向"学习模式"的转变，同时从原本的"教师、教材、课堂"向"学生、收获、体验"递进，从而提高学生的学习质量，并全面提升学生的知识、能力和素质。

"以学生为中心"并不是改变教育关系中教师的"主导"地位，而是突出学生的"主体"地位，倡导教师在"主导"教育教学的过程中更加关注学生学习体验和需求的满足。

传统的教育观强调的是"学会"，体现的是"以教育者为中心"的思想，突出的是教师的教，弱化的是学生的学，违背了教师主导、学生主体的现代教育观。

现代教育观认为学校教育应该教会学生的是"会学"而不是"学会"，正像德洛尔报告提出的：教育的责任是"既应提供一个复杂的、不断变动的世界的地图，又应提供一个有助于在这个世界上航行的指南针"。

教育的真谛是通过学生自己的主体性、能动性和独立性去发现知识，进而创造知识、拓展能力。

图7-6给出了建构主义的教学设计的流程。

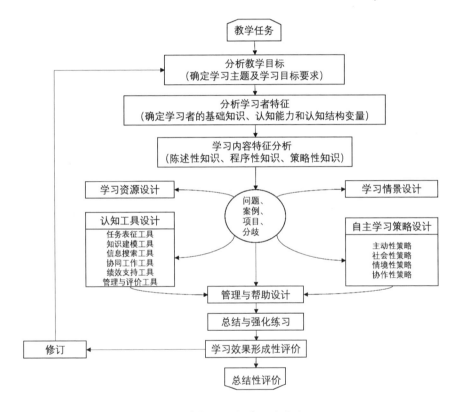

图7-6 建构主义教学设计的流程

前述三个典型的教学设计模式可以归纳为两类，即以教师（课堂）为中心（欧陆理性论主张只看道理，无关证据，理性真理，不论神或人类只看概念就能了解，概念与道理是需要传授的）和以学生为中心的（洛克：所有的知识都来自经验，人除了自己的见闻，更是经常通过父母的话或读书得到知识，但是通过传闻得到的信息，若不自己确认就不能说是知识）教学设计模式。

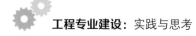

图7-7给出了求取知识的过程：观察、对比、组合和抽象。动机选择信息，感知加经验等于理解，感知到的是信息，加工与学习到的是知识，悟出来的是智慧。数据信息可以传递，素养可以塑造，专业能力和非专业能力可以通过训练得到增强，但是生产知识的能力是不可培养的，即人才可遇不可求。

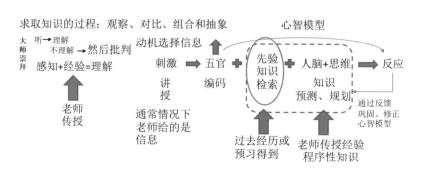

图7-7　学习过程的心智模型

笛卡儿提出，人类通过理性过滤直接经验获得知识，理性过滤分两个层面，即通过实证和数学方法将经验上升到理性思考获得新知。

7.4　教学设计的工程模型

如果把教学设计视为工程问题，那么也可以把教学设计想象成软件开发，就像电脑软件旨在使用户的工作更有效率一样，教学设计的目的是提升教学效果，提升学生满意度。

前人的研究主要集中在社会科学、心理学和信息科学领域，笔者则拟从工程学的角度讨论教学设计的问题。根据莫里斯·阿西莫（Morris Asimow）给出的工程设计的一般程序构造了教学设计工程模型第一版，如图7-8所示。第一版给出了组成设计前三个阶段的各种活动：概念设计、实体设计和详细设计。该图形的目的是提醒读者注意从问题定义到详细设计之间设计活动的逻辑次序。

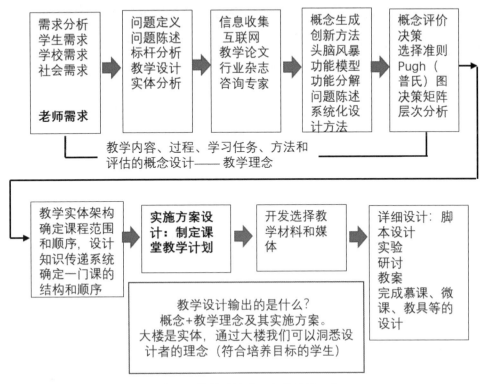

图7-8 教学设计的工程模型第一版

概念设计：首先将问题抽象化，把次要的功能需求简化或省略，只考虑问题的本质核心，针对此一核心本质的需求思考解决的方法。实体设计是功能与结构的设计，而详细设计是将前述概念设计（精神）、实体设计（物质）落实到内容和过程中的设计。

工程问题，是指目标明确，提供可行的解决方案，例如怎样为笔记本电脑创造出一种能够连续使用5年的铰链。

设计问题，则是开放性问题，没有设计先例，没有明确目标，需要尽可能地想出各种方法，提供解决方案。

首先，教学设计一般目标明确，而且需要提供可行的方案，因此它是一个工程问题。

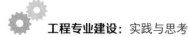

其次，设计问题是以人为本的，根据需求分析定义的、开放性的设计问题，没有明确目标，需要尽可能地想出各种方法，提供解决方案；教学设计却是目标明确的，需要根据目标提供解决方案。

笔者所定义的第二版教学设计步骤为：

依据目标进行概念的开发和设计，这里的概念开发与设计不仅关注教学过程，而且包括了教学内容和教学评估。目标是针对最终结果的，任务和活动是中间环节，如图7-9所示。

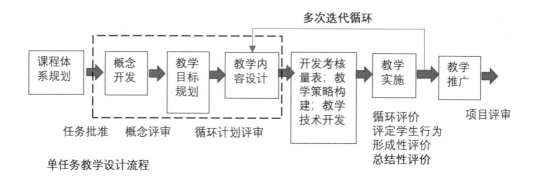

图7-9　教学设计的工程模型第二版

第三版进一步明确了目标，对目标进行了展开论述，但设计的核心是概念设计，而概念设计是基于大概念展开的，大概念就是一个概念、主题或问题，它能够使离散的事实和技能相互联系并有一定意义（见图7-10）。

以问题为导向的知识：基本问题、综合性与专业性问题，表7-2给出了关键问题、综合性问题以及专题性问题示例。

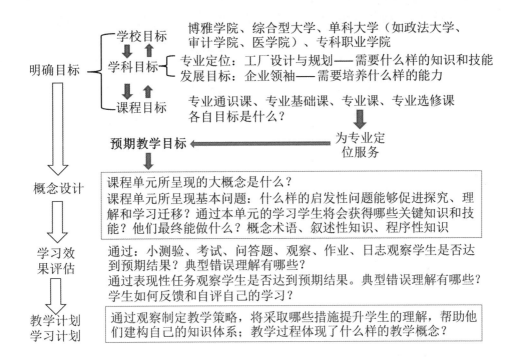

图7-10　教学设计的工程模型第三版

表7-2　关键问题示例

关键问题		
意图	范围	
	综合性	专题性
开放性	工厂是什么？	工厂的运作机制是什么样的？
指导性	学校、银行是工厂吗？	根据流程对工厂进行分类

学生的学是以问题为导向的学。表7-3给出了基于问题导向的学习目标。

表7-3 基于问题导向的学习目标[69]

阶段一：预期结果	
所确定的目标	
理解（understanding）： • 学生将理解 • 大概念是什么？ • 期望他们获得的特定理解是什么？ • 可预见的误解是什么？	基本问题（question）： • 什么样的启发性问题能够促进探究、理解和学习迁移？
学生将会知道（knowledge） • 作为本单元的学习结果，学生将会获得哪些关键知识和技能？ • 习得这些知识和技能后，他们最终能过够做什么？	学生将能够做到（skill）
阶段二：评估证据，通过观察判断是否达到教学目标	
表现性任务（T）： • 学生通过哪些真实的表现性任务证明自己达到了预期的理解目标？ • 通过什么标准评判理解成效？	其他证据： • 学生通过哪些其他证据（小测验、考试、问答题、观察、作业、日志）证明自己达到了预期结果？ • 学生如何反馈和自评自己的学习？
阶段3：依据上述判断制定进一步的学习计划	

学习活动：
• 哪些学习体验和教学能够使学生达到预期的结果？
   设计将如何帮助学生知道此单元的方向和预期结果，帮助教师知道学生从哪开始（先前知识、兴趣）
• 把握学生情况和保持学生兴趣
• 武装学生，帮助他们体验主要观点和探索问题
• 提供机会去反思和修改他们的理解及学习表现
• 允许学生评价他们的学习表现及其含义
• 对于学生不同的需要、兴趣和能力做到量体裁衣（个性化）
• 组织教学使其最大限度地提升学生的学习动机与持续参与的热情，提升学习效果

基于问题的学习效果评价方法如下：

概念：评价是指对一件事或人物进行判断、分析后的结论。

大概念：就是一个概念、主题或问题，它能够使离散的事实和技能相互联系并有一定意义。

教学评价的思想起源于中国古代科举考试制度，其内涵是依据教学目标对教学过程及结果进行价值判断并为教学决策服务的活动，是对教学活动现实的或潜在的价值做出判断的过程。

根据评价功能不同，教学评价可以分为以下三类：

（1）诊断性评价：在阶段性教学前实施，检查学习准备程度，辨别造成学习困难的原因。

（2）形成性评价：在阶段性教学中实施，改进和加强学习，调整教学节奏，提供反馈。

（3）总结性评价：在阶段性教学后实施，判断目标达成度，为确定新的目标提供依据。

根据定性与定量关系不同，教学评价可以分为以下三类：

（1）质性评价：通过收集非数量化资料并运用描述分析方法得出评价结论。强调观察、分析、描述。主要方法有：行为观察记录、档案袋评价、情境化测验。

（2）量化评价：通过收集数量化资料，运用统计分析方法，得出评价结论，结果比较客观、统一。主要包括测验、考试和结构性观察。

（3）最后一种是质性、量化混合评价。对概念实现度进行评估的方法如图7-11所示。

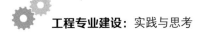

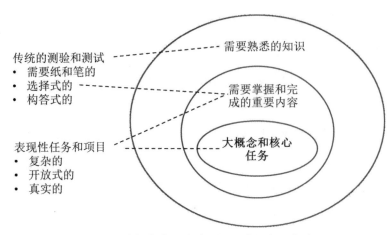

图7-11　对概念实现度进行评估的方法示意图

7.5　教学设计与工程设计的差别

表7-4给出了工程设计与教学设计的对比，这个表从五个维度对两者进行了对比，第一个维度是从业者，就是由谁来做，在工程领域设计是由专职设计师来进行的，这一点国内外没有区别；教学设计的设计师在国内主要由教师自己担任，有的课程经过了刻意的设计，有的则没有（没有经过刻意设计的课程居大多数，过去以板书为主的时代还得考虑一下版面如何写的问题，当下可拷贝课件到处都是，拿来主义者大有人在），美国则有专职教学设计师对需要帮助的教师进行指导，课程本身的教学设计还得由教师自己完成。第二个维度是客户，在工程设计领域客户是指产品的使用者，有些产品，设计者本身即为使用者，如家电产品，而有些产品设计者与使用者没有关系，如某些专用工程设备及其零部件，设计师并不是直接使用人；而教学设计则不同，客户是学生、学校各级教学管理部门以及教学评估机构，教学设计的客户还应当包括任课教师自己，一个经过良好教学设计的课程对教师是非常重要的，即教学设计者往往也是客户，有点像艺术品，自己创作自己欣赏，也供他人欣赏。第三个维度是输出，工程设计的输出是

产品，是物质与精神的组合体，而教学设计的输出是什么呢？是教学大纲（教学服务内容与流程）还是学生呢，看问题的视角不同就会有不同的答案，如果说大学输出的是学生，那么教学设计最终输出的也应该是学生，如果说大学输出的不是学生而是教学服务，那么教学设计输出的应该是教学服务内容与流程，因此，教学设计与工程设计有众多不一样的地方，但是工程设计因其目标明确、创新性明显，所以其设计流程有许多是值得追求创新的教学设计所借鉴的。第四个维度是价值，工程设计本身具有明确的商品价值追求，既有商品的使用价值，也有商品的品牌价值，还有愉悦人类心灵的价值等。而教学设计的商业价值需从其服务对象看，如果是有偿培训，那么它具有工程设计的所有价值特征，如果是大学教学，其价值体现并不明显，因为它是公益性的，其价值表现与使用和开发它的教师有关。第五个维度是责任，工程设计师需承担其设计的法律责任和工程伦理责任；而教学设计者基本不需要承担任何法律责任，其所肩负的伦理责任更多。

表7-4 工程设计与教学设计对比

	工程设计	教学设计
从业者	设计师、设计者/非实施者	专职教学设计师（美国）、教师自己（中国）/通常既是设计者也是实施者
客户	产品使用者	学生、教师以及学校各级教学管理部门
输出	产品（物质+精神）	学生、教学大纲（教学服务内容与流程）
价值	具有明确的商品价值	不具有明确的商品价值（公益性）
责任	设计师需要负法律责任和工程伦理责任	设计者的责任不清晰，更多是时代的看法，伦理责任更突出

著名设计专家、斯坦福大学教授凯利（David Kelley）认为设计不仅是一个工作方式，还是一种思想方式。某种意义上，人类的所有文明，从物质文明到制度文明再到文化文明，都和设计有或多或少的关系。因此，设计是人类的一种基本思想方式和问题解决模式。而且所有的设计都有一个共同的五步模式：①

发现客户需求；②界定要解决的问题；③寻找解决思路；④形成解决方案；⑤效果测试。然后不断迭代修改，直到满意为止。根据这个想法，他提出了通用设计（universal design，UD）的思想。与著名的教学设计ADDIE模型对照有相似之处。ADDIE模型是：analysis（分析）、design（设计）、development（发展）、implementation（实施）、evaluation（评价）。[21]

赵炬明给出了通用设计过程、工程设计过程和大学教学设计过程的对比[23]，如表7-5所示。

表7-5　根据通用设计模型比较工程设计研究和大学教学研究

通用设计过程	研究客户需求	界定要解决的问题	寻找解决思路	形成解决方案	效果测试	不断迭代
工程设计过程	分析客户	确定问题	寻找解决思路	提出设计方案	实施并检验效果	不断改进设计
大学教学设计过程	分析学生和课程目标	确定课程任务和学生学习问题	根据学习科学和个人经验形成设计思路	设计课程教学方案	根据实施效果，反思方案有效性	不断迭代

显然表7-5将大学教学设计的客户定义为学生，而其输出则定义为教学方案了，这与笔者对教学设计客户及其输出的认识略有不同，为此，基于工程设计思维按照通用设计模式给出的工程设计与教学设计对比如表7-6所示。

表7-6　基于通用设计思维的工程设计与教学设计对比

	工程设计	教学设计
发现客户需求	满足的是物质、精神需求和社会需求，潜在的客户、客户分层、功能、质量、人机工程、价格、服务等	学生需求、教师需求，专业、学科、学校以及社会需求等。满足的是精神需求和社会需求（唤醒学生的需求）
界定要解决的问题	功能、质量、人机工程，价格还是服务问题等	培养问题：知识传授问题、能力培养问题还是因材施教问题等等；教学过程与方法、教学内容问题、评价方法、教学技术还是教学环境问题？

	工程设计	教学设计
寻找解决问题的思路	寻找针对问题的可施之计，小组合作、头脑风暴、TRIZ、公理化设计等工具可用	寻找针对问题的可施之计。更多是由设计者在教学实践中根据经验反馈进行修改，没有明确解决教学问题的工具可用
形成解决方案	概念	教学方案、教学大纲（教学服务内容与流程）
效果测试	使用（有成本）	使用（无可计量之成本）
迭代修改	迭代修改	迭代修改

由图7-12可见，产品设计、工厂设计输出的是精神与物质的复合体，教学设计输出的是富有思想和精神的人。因为学校的目标是传授知识和技能、教化思想和规范行为。显性知识、技能可以习得，但是"道和经验"是需要传授的；学习态度和工作态度的养成是通过学校的教化思想和规范行为来实现的。

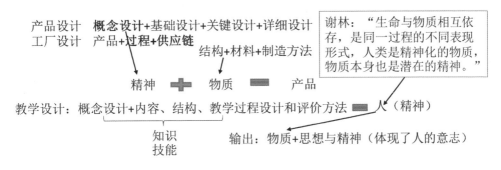

图7-12　产品设计、工厂设计与教学设计的输出对比

自然科学的发展，互联网、云计算等信息技术的进步，大数据时代的来临，使得人们的学习方式发生了变化，慕课（MOOC）和小规模限制性在线课程（SPOC）的兴起促进了教学模式的变化，促生了翻转课堂和微课等新的教学模式。就慕课和微课而言，将其归类为以学生为中心的教学模式是不准确的，归类为以教师为中心的教学模式，却不具有师生互动的效果。为此，将其定义为以技术为中心的教学模式，相应的教学设计定义为以技术为中心的教学模式。具体以技术为中心（微课、慕课等现代教育技术手段和平台）的教学设计模式如下：

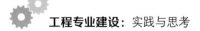

（1）互联网+行为主义的教学设计=微课、慕课；

（2）互联网+建构主义的教学设计=翻转课堂；

（3）互联网+以信息场为中心的教学设计=观窗教学。

观窗教学法强调教师在课堂上的作用是不可替代的，教师通过对学生心灵之窗、认知之窗的观察，以及实时互动达到有的放矢的教学过程。

7.6 以信息场为中心的教学设计模型

7.6.1 学习的信息加工理论

20世纪50年代，一方面由于心理学自身的反省与批判，另一方面由于计算机等信息技术的发展，心理学界兴起了一种新的理论倾向：信息加工论，即用计算机的信息处理过程来类比人脑的认知过程，用信息的接收、存储和提取来解释学习的具体过程。20世纪50年代，纽厄尔与西蒙（Newell and Simon）等人共同创建了信息加工心理学，提出了物理符号系统假设。他们把人脑和电脑都看成加工符号的物理系统，而人脑的心理活动和电脑的信息加工都是符号的操作过程。[66]这一理论开辟了从信息加工观点研究人类思维的取向，推动了认知科学和人工智能的发展。1974年，加涅基于信息加工理论的有关研究，提出了学习的信息加工模式，如图7-13所示。

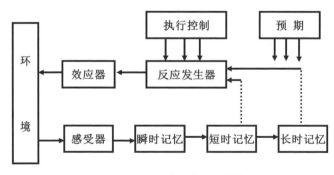

图7-13 学习的信息加工模式

加涅学习的信息加工模式主要包括了两部分：一部分是信息流；另一部分是控制结构，由执行控制和期望事项组成。从图7-13可以看出，信息流是一个信息从一个假设的结构流向另一个假设的结构的过程。来自环境中的刺激首先作用于学习者的各种感受器，如眼、耳等，并通过感觉登记器进入神经系统。信息首先在感觉登记器中进行编码，最初的刺激以映像的形式保持在感觉登记器中，保留0.25～2 s。经过注意和初步加工，信息进入短时记忆，之后再次对它进行编码，这时，信息以语义的形式储存下来。从短时记忆进入长时记忆的信息可以被检索、提取，然后又回到短时记忆，或称为"工作记忆"。从短时记忆或长时记忆中检索出来的信息作用于反应发生器，反应发生器可以转换信息，发出某种动作命令，而后，由这一结构发出的神经传导信息使反应器（肌肉）活动起来，产生一个指向环境的操作行为。通过这种操作，观察者可以了解原先的那个刺激所起的作用，即信息得到了加工，也就是说学习者确实学到了点东西。

在这个信息加工过程中，一组很重要的结构就是模式图7-13中上方的"预期系统"和"执行控制"这两个部分。"预期系统"是指学生期望达到的目标，即学习的动机系统对学习过程的影响，整个学习过程都是在它们的影响下进行的。"执行控制"即加涅所讲的认知策略，其基础为元认知，执行控制过程决定哪些信息从感觉登记进入短时记忆、如何进行编码、采用何种提取策略。

7.6.2　以信息场为中心的教学设计模型

信息的本质是"场"，是事物普遍联系的"媒介"之一，对于信息的本性或本质问题，众说不一。有的认为它是一切物质的属性，有的认为它是非物质的精神实体，有的认为它是存在于物质与意识之间客观而不实在的东西。[67]而维纳（Norbert Wiener）认为，"信息就是信息，不是物质也不是能"，而是与物质和意识并列的世界第三本原。信息是事物普遍联系的媒介，它和运动一样，同属于物质固有的基本属性和表现方式。信息场的基元是信息子。信息子不断运动或传递形成信息流，信息流的集合，便是某一具体事物的信息。

图7-14所示为学习信息场的物理模型。

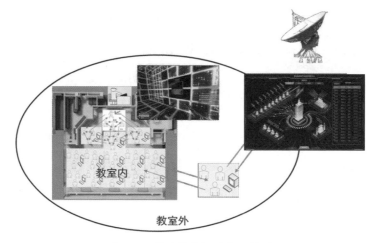

图7-14 学习信息场的物理模型

"对信息的正确感知、加工和决策"是人类智能活动中一个最为关键性的环节，而决策与学习效果是密不可分的，正确决策是学习有效性的检验，无效学习的原因多种多样，但是与信息相关的因素主要有[7-8]：

（1）缺乏足够的信息；

（2）过度的信息量；

（3）缺乏足够的信息解读和分析能力；

（4）对于信息缺乏整体的把握能力；

（5）缺乏把信息转换为特定范畴适用知识的能力。

为在教学过程中解决上述与信息相关的问题，促进有效学习，本书构建了如表7-7所示的以信息场为中心的教学设计结构矩阵。

表7-7　以信息场为中心的教学设计结构矩阵

教学过程信息场设计变量		人		机(信息传递通道)的选择	教学材料(信息源)的选择	教学方法(信息传递方法)设计选择	教学环境设计选择	测的方法设计与选择	超系统元素
		教师	学生						
人	教师		1 (0.5)	0 (1)	1 (1)	1 (1)	0.5 (1)	1 (1)	对人产生影响的信息源
	学生	1 (0.5)		0 (1)	1 (1)	1 (1)	1 (0.5)	1 (1)	
机(信息传递通道)的选择		0 (1)	0 (1)		0 (1)	0 (1)	0 (1)	0 (1)	对机产生影响的信息源
教学材料(信息源)的选择		1 (1)	1 (0.6)	0 (1)		1 (1)	0 (0)	1 (1)	对教学材料产生影响的信息源
教学方法(信息传递方法)		1 (1)	1 (1)	0 (1)	1 (1)		0 (1)	1 (1)	对教学方法产生影响的信息源
教学环境		0.5 (1)	0.5 (0.5)	0 (1)	0 (0)	0 (1)		1 (1)	对教学环境产生影响的信息源
测		1 (1)	1 (1)	0 (1)	1 (1)	1 (1)	1 (1)		对评价方法产生影响的信息源

注：括号中的数据表示现在关系，1表示关系紧密，0表示没有关系，中间数值表示关系紧密程度，括号内的数表示的是信息时代的信息时代的关系，括号外的数是非信息时代的关系。

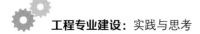

教学设计结构矩阵给出了人（师、生）、机、料、法、环、测六要素之间过去和现在的关系，传统教学法通过教师（信息源）、教室（教学环境）（信道）到学生（信宿），目前情况是信源、信道多样，师生相依性变弱。

在时间上，从每学期课程开始，教学信息场即已经形成，信息场元素通过不断交互构建学习过程，持续到课程结束。在空间上，强调学习发生在信息场中，而不是仅仅发生在课堂上，学习效果不仅受信息场中元素的交互作用影响，还受信息场外超系统中元素的影响，如师生共同体外的人、事、物对系统内学习进程的影响等。依据上述教学设计结构矩阵可以很好地解读信息时代的教学过程各个要素之间的相依关系。

在以整体把握为使命的"场"的理念下，首先，要考虑的是这个"场"含有哪些因素，哪些因素正在（或将要）给"教学过程"（学生的学习）带来改变？以信息场为中心开展教学设计所应遵循的基本原则是什么？最后，作为一个整体的"教学过程信息场"将为学习进程带来怎么样的影响？教学设计结构矩阵中各元素之间关系的变化回答了上述问题，如"机"作为信息传递通道在非信息时代与大多数教学元素之间没有关系，而在信息时代它与各个信息要素之间的关系变得非常紧密。

教学信息场中所包括的信息和信息流主要有：学习指示信息、作业指导信息、评价反馈信息、围绕课程主题产生的学习材料信息流、围绕问题产生的相关知识流等。

为合理推送信息，开展相关教学活动，以信息场为中心的教学设计所应遵循的基本原则如下：

（1）充分、有限可认知性原则。充分是指在适当的时间、适当的地点推送给学生以适当深度和数量的学习资料信息；有限是指信息无冗余、不过载。为了确保学习过程中师生交互活动的合理性，信息的高度流通和变化要求针对学生的信息必须是具有可认知性的，"场"的输入和"场"的变化对于学习共同体内人员行为的影响必须在一定程度上是可以被察觉的。为此，需要对这个信息表现的进程，包括信息的构成、时机的选择、表现的对象以及表现的手段进行仔细设计。

（2）分层推送、循序渐进原则。即降低师生之间的知识梯度，便于交流。

（3）适当深度促进理解的原则。

（4）多视角、多模式（视、听）信息推送原则。

（5）易于反馈的原则。

（6）轻松学习原则。

基本原则的作用：为了使学生以最低限度的信息加工负荷获取最高的学习效率和学习质量，需寻求最合理的课程学习内容信息、教学过程师生交互所应遵循的原则。根据这些原则，任何人都能检查教学过程中教师传递给学生（或投放到信息场中）的信息是否合理。

遵循上述基本原则的益处主要有：

（1）发现所推送给学生的信息中不满足基本原则之处，取消信息中存在的不合理、不稳定和无用的信息；

（2）取消信息中容易造成心理疲劳和误解的因素，使学习者保持良好的状态，有节奏地进行学习；

（3）掌握基本原则，提高师生在教学过程中的信息加工意识、问题意识和改善意识，经常构思和运用高效的师生交互方法，增加信息分析的深度。

7.6.3 教学信息场中信息传递与知识形成的信息加工机理

前已述及信息时代，学生获取知识的途径和方法都发生了巨大变化，学习发生在信息场中，那么发生在信息场中的学习过程是怎样的呢？为回答这个问

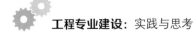

题，本书以信息场为中心构建了教学过程中信息传递与知识形成的机理模型，如图7-15所示。

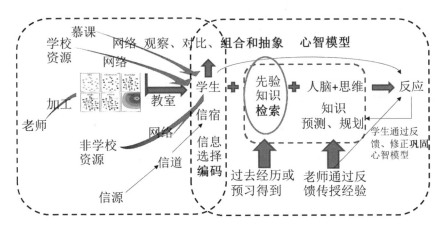

图7-15　教学信息场中信息传递与知识形成的机理

图7-15左侧描述了教师在教学信息场中的作用，是教学设计的重点，首先，教师通过对客观世界的观察和研究形成自己的知识，因此是知识的生产者，非信息时代：信源唯一，主要来自教师、书本，信道为课堂。信息时代：信源多维，信道多维，教师给学生传递信息途径多样化，不仅限于课堂。其次，无论学生的计算能力、存储空间、信息加工能力多么强大，数据不可靠一样会做无用功，教师将从阅读、观察和记录中得到的数据加工成便于传递的高质量的信息，尽管提供的信息仅是学生获得信息的一部分，但是教师提供的信息是其结合专业特征和经验，对课程内容进行清洗、加工和分类过的信息，因此，教师是信息的加工者。教师在确保信息没有冗余，也不存在不足的条件下，结合自己的知识把含有专业知识的信息分类以作业、讲座以及授课等形式在正确的时间、适当的地点，用正确的方式推送给正确的学生以适当深度和数量的学习资料。学生们依据自己的信息加工能力，对信息资料进行选择性加工，经过内化转变为自己的知识，即实现教学过程中师生交互的"just in time"的教学方法。

图7-15右侧是学生的学习机理或知识形成机理。学生通过信息场中各元素之间的交互感知到的是信息，即知道的是信息，这些信息会成为什么样的知识与学习者的个人经历、先验知识、学习态度与推理能力有关，也与教师对信息的加工、展示和反馈有关，在信息场中的学习过程可以理解为是学生对信息的感知、加工和感悟的过程，其中感知到的是信息，经过加工达到理解的是知识碎片，经过应用检验才能形成自己的知识和技能，最后感悟出来的才是智慧。综前所述，以信息场为中心的教学过程中教师的作用和价值为：

（1）教学信息场的构筑者。围绕教学目标和课程构筑教学信息场；教学信息场起始于开课，结束于结课。

（2）课程信息的加工者。教师对课程内容进行清洗、加工形成便于理解的信息，并有的放矢地把经过加工的信息推送给学生，按教学目标对信息按一定教学方法进行解读，培养学生相应的信息解读思维能力。

（3）知识形成与内化的催化者。教师是学生知识形成与内化的媒介，学生的知识形成过程没有教师参与也能完成，但是有了教师这一媒介可以像催化剂一样促进学生知识的形成和内化。教师通过计算机、智能手机等信息终端以及上课过程中对学生的学习行为、作业和汇报过程进行观察，根据观察获得信息反馈，进而提升学生信息加工、知识形成与内化的效率。

7.6.4 教学特性、学习特性和可测度

通常教学设计方法主要是从教学目标与教学内容、教学过程以及教学评价角度展开，本书结合教学过程信息场模型，给出了如图7-16所示的以信息场为中心的教学设计质量功能展开模型，它展示了教学目标与功能需求以及信息场中主要元素之间的关系，其最大特征是根据格雷格奥尔德姆的工作特性理论[26]，把教学过程与教学内容定义为教学特性，将自主学习和协作学习特性定义为学习特

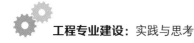
性，而将评价方法定义为可测度，由此形成教学设计的"两性一度"。

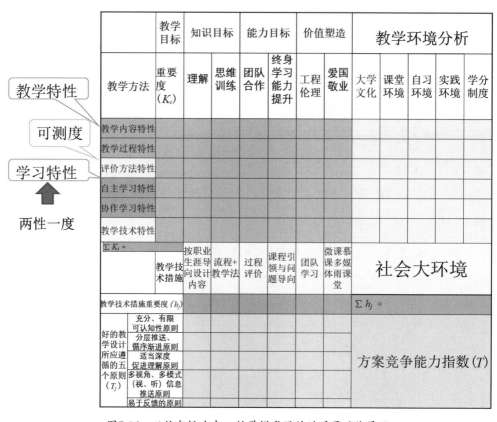

图7-16　以信息场为中心教学模式设计的质量功能展开

（1）教学特性。教师对自己在整个培养体系中位置的认识，在宏观层面体现在对教学及其目标的理解，微观层面体现在对课程和课堂的理解，该模型希望能够解释教学过程中人、机、料、法、环、测的属性是如何影响教师的工作态度和工作行为的，以及在哪种情况下这些影响能够达到最大。

（2）学习特性。学生对自己学习目标和专业的认识，在宏观层面体现在对学习的理解，微观层面体现在对课程和作业的理解，该模型希望能够解释学习过程中人、机、料、法、环、测的属性是如何影响学生的学习态度和学习行为的，以及在哪种情况下这些影响能够达到最大。

（3）可测度。是指对教学特性与学习特性的测量，而不是传统意义上仅对学生的学习效果进行评价，这个测量可以为教学设计的改善提供反馈。

2018年11月24日，时任教育部高等教育司司长吴岩在第十一届中国大学教学论坛上提出了"金课"的评价标准为"两性一度"，即高阶性、创新性、挑战度。所谓"高阶性"，就是知识、能力、素质的有机融合，培养学生解决复杂问题的综合能力和高级思维。所谓"创新性"，是课程内容反映前沿性和时代性，教学形式呈现先进性和互动性，学习结果具有探索性和个性化。所谓"挑战度"，是指课程有一定难度，需要跳一跳才能够得着，对教师备课和学生课下学习有较高要求。由此可见，如果高校课程都按照"金课"标准"严要求、精把关、高控制"，那么将有效提升教学质量，提高学生学习效率，培养符合专业要求的合格人才。根据上述"两性一度"的定义，专家对一流课程给出了如表7-8上半部分所示的解读。根据图7-17定义的"两性一度"对一流课程的解读如表7-8下半部分所示。

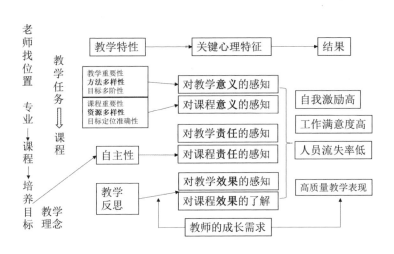

图7-17　教学特性与学习特性示意图

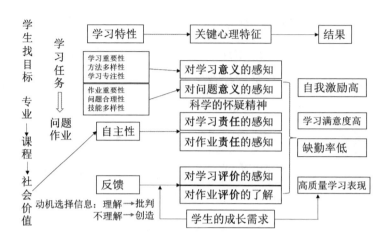

图7-17　教学特性与学习特性示意图（续）

表7-8　以信息场为中心一流课程的教学特征

专家的解读	一流课程：以学生为中心教学特征
	教学目标：以学生为中心 学习目标：知识传授+思维能力发展+情感态度价值观　**高阶性**　┐ 学习内容：前沿性和时代性　　　　　　　　　　　　　　　├**挑战度** 学习方式与过程：精准化、个性化、有效性　**创新性**　┘ 学习评价：OBE（基于学习产出的教育模式）/成果导向
笔者的解读	一流课程：以信息场为中心教学特征
教学特性	组织目标：师生共同发展（在以信息场为中心的师生文脉环境中） 教学目标：非专业能力+专业能力培养+情感态度与价值观塑造 **教学内容特性**：基础性、思想性、前沿性和时代性 **教学过程特性**：信息传递精准化，教法多样（视频、动画、精讲以及研讨）、有效
学习特性	**自主学习特性**：有方法、有资源（微课、慕课、教材等），资源利用率高 **协作学习特性**：认识自己，明确位置，勇于担责
可测度	**教的评价**：反馈准确，富有建设性，师生互动对教学特性进行改善 **学的评价**：学习意愿选择导向，反馈准确，富有启发性，师生互动对学习特性进行改善

　　通过对教学特性与学习特性的分析，构建具有高激励特征的教学方案，这个方案是同时作用于教师和学生的。

　　从工程的角度看设计过程，可以将设计过程定义为设计师、设计方法、设计需求和设计管理等相互协调的过程。由工程设计领域专家和教育领域专家定义的工程设计和教学设计的最大差别在于工程设计将概念设计作为重要一环，何谓概念设计呢？简单来说就是一种问题驱动的设计，解决问题的可施之计即为概念，因此说工程设计是问题与需求驱动的设计，而前人给出的教学设计则不是问题驱动的，是心理学理论和教育技术驱动的，笔者认为这也是它创新要素不明确的一个主要原因。那么为了赋予教学设计更多创新要素，是否可以重构教学设计过程使其更具有创新性呢？为此笔者经过研究和多年实践给出了如下的以信息场为中心的教学设计模式，以整体把握为使命，以人、机、料、法、环、测六要素为基础，探讨教学特性、学习特性与可测度对构建具有高激励特征的教学设计方案的重要作用，通过了解师生渴望、需求、动机以及文脉关系对教学性与学习性进行合理设计，以满足师生的成长需求。

　　本书基于上述思想构建了如图7-18所示以信息场为中心旨在促进师生互动的教学设计模式框架。需要说明的是，这里所说的问题还包括自学任务与自学方法问题、教学方法和过程设计中的问题。这些问题同样需要基于以信息场为中心的教学设计基本原则予以解决。

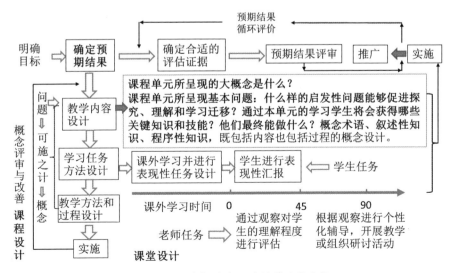

图7-18　以信息场为中心的教学设计流程

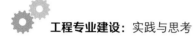

其中问题的探寻过程如图7-19所示。

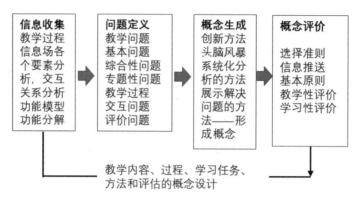

图7-19　问题的探寻过程

这个框架给出了以信息场为中心基于理解的教学设计的两条主线，纵向循环追求的是概念，是问题导向的设计，通过对教学内容、自学内容，以及教学过程中阻碍教学预期结果的问题进行审视，寻找解决这些问题的可施之计，形成概念和创新；另一个循环是横向循环，在这一循环中，追踪的是预期的教学效果、学习效果及其测度方法，通过这一循环促进教学质量的提升。

这一问题分析的过程使用工程设计的方法流程对教学设计中涉及的问题进行分析。

7.7　教学设计的价值体现

大学之所以受人尊重，原因之一是大学之中有大德、有大道、有大爱、有大师、有大精神。这"五大"，使得大学成为道德的高地，社会良心的堡垒。当社会需要新道德的时候，会不约而同地到大学里寻找，大学同时也就成为社会道德的仓库。大学里的师生，便构成了道德共同体。"大学之道在明明德，在新民，在止于至善"。大学只有明其德，求至善，才能造就一代又一代的"新民"。大学正是通过"明德""正道"和"求善",才引领和示范一个民族文化基础的形成。

文化的纽带是知识。大学是知识共同体。大学的全部活动以知识为联结。大学的教学是传播知识,大学的科研是创新知识,大学的为社会服务是运用知识,大学的图书情报是收藏和处理知识,大学的国际交流是交换知识。知识就是大学的内涵。

鉴于上述认识,笔者认为大学的教学设计其价值体现在如何设计出高效的知识传递方法,尽管现代以学生为中心的教学理念强调能力培养,但笔者认为这个能力培养是建构在知识传授过程中的能力培养,知识传授为主、能力培养为辅,而对于术科,则以技能培养为主、知识传授为辅,主为基础、辅为卓越。教师的作用和价值在这个过程中得到体现。笔者所提出的基于工程思维的教学设计价值观在于如何在教学设计中满足学生利益最大化的基础上实现教师的价值,即实现教师利益的最大化。作为教学一线的教师个体不可能也没有必要承担学校或专业所有的教学目标,只要他能在教学设计中明确自己在这个体系中的价值和作用就可以了。

7.8 总结与思考

为适应信息时代教学设计的发展需要,本章利用多学科知识交叉的方法探讨了以信息场为中心的教学设计新模式。该模式的特点如下。

(1)以信息场为中心的教学设计是以学习的信息加工理论为基础,将学习过程视为以信息场为中心的学习过程,在此基础上通过教学内容设计解决信息时代的信息冗余问题,以提升学生的学习效率;通过对教学过程的合理安排解决学生对信息缺乏足够的分析能力、缺乏整体的把握、缺乏把信息转换为特定范畴适

用知识的能力的问题。

（2）以信息场为中心的教学设计模式为批判性思维的建立提供了理论基础，因为该模式主张教师仅为信息场中的一个要素，推送给学生的仅仅是经过加工的信息，教师教学效果的优劣与其信息加工能力有关，而每一个学生因其自身经历、背景和思维推理能力不同，对这个知识的提取过程和提取结果也不同。

（3）以信息场为中心的教学设计模式其最大特征是综合考虑了信息场中各个要素之间的交互，研究教学信息场中的各个要素是如何对学生的信息加工和知识提取产生影响的，以及这些交互对学习进程的影响。

近年来关于教师价值与作用的讨论不绝于耳，以学生为中心成为现代教学法研究的热点。"以学生为中心"，即以学生的学习和发展为中心，实现从以"教"为中心向以"学"为中心转变，从"传授模式"向"学习模式"转变，教师的角色从知识的传授者转变为学生学习的组织者、指导者和引领者。

而以信息场为中心的教学设计模式则认为教师的角色是知识的生产者、教学信息场的构筑者、信息的加工者以及学生知识形成的催化者。

笔者认为，只有正确区分教学设计与课程体系设计这两个概念再谈以什么为中心才好。教学设计是面向课程的，课程体系设计是面向人才培养的，旨在阐明一个专业的培养目标和特色，输出的课程体系通常含有通识课、专业课、选修课以及各种实践环节。前者是面向教与学之过程的，旨在优化学习效果，提高学习效率，输出的是教学大纲，是对一门课教学内容、教学活动与教学进程的规划。后者是面向学生发展的，以学生的综合能力培养为主构建的培养体系，是以学生的发展为中心而进行的体系设计。面向一线教师的教学设计显然是面向教与学之过程的设计。《学记》在世界教育史上首次提出"教学相长"的命题。"教学相长"本意是指教师自身要不断地向书本学习和向教育实践学习。由于这两种学习活动的相互推动，才使得教师不断进步。因此，教学过程不能视为专属于学生的学习过程，而应将其视为教学相长的过程，师生共同发展与促进的过程，关注教学过程的教学性与学习性，因此将教学过程视为以信息场为中心更为恰当。教学发生在信息场中，学习效果是信息场中多种元素相互作用的结果，淡化"师生"之中心议题，强调多元发展。以信息场为中心开展教学设计的理念包含了一种与学生或教师密切相关的更加广泛的关注（而不是以学生或教师为中心的），这种关注涉及了师生文脉环境中的从物理到心理再到信息加工的各种层面。

　　教学设计的输出是什么？教学设计是写给教师的还是写给学生的？还是写给教学质量监管部门的（告诉监管部门我们开展这类学生培养的计划及其可行性）？是方法论、框架还是指南性质的文件，还是针对某一门课程的设计？由谁来做这个教学设计？教学设计的目标是什么。例如，课程体系（指南）既是写给学生的（告诉学生你将会学习到什么），也是写给教师的（为教师赋责），还是写给教学质量监管部门的（告诉监管部门我们开展这类学生培养的计划及其可行性）。

观窗教学法：一种建立在教学信息场中的教学法 第八章

独学而无友，则孤陋而寡闻。

——孔子

教师之为教，不在全盘授予，而在相机诱导。

——叶圣陶

大学之法：禁于未发之谓豫，当其可之谓时，不陵节而施之谓孙，相观而善之谓摩。此四者，教之所由兴也。

——《礼记·学记》

教学是学校的中心工作，在高等教育活动中占有重要的地位，选择正确合理的教学方法对实现教育目标、保证教育质量以及培养创新型人才具有非常重要的意义。关于教学方法，历来有多种说法，如王策三认为："教学方法就是在教学情境中教师和学生为了教学而展开的活动。"[70]王道俊、王汉澜主编的《教育学》一书中提出："教学方法是为完成教学任务而采取的办法。它包括教师教的方法和学生学的方法，是教师引导学生掌握知识技能，获得身心发展而共同活动的方法。"[71]虽然大家对教学方法概念的界定不同，但历来教学方法都是某一教学思想的体现，因其教育目的的不同而不同。

传统教学方法产生于17世纪，发展完善于19世纪以后。1632年，捷克著名教育家夸美纽斯完成了其巨著——《大教学论》，提出教学必须"遵从自然"，这是西方近代最早的有关教育学的论著，标志着独立形态教学论的产生。到了18世纪末19世纪初，德国著名教育家赫尔巴特开始从心理学角度为教学理论寻找依据，探讨合理的教学方法。[72]作为"教师中心说"的代表，他强调"学生对教师需保持一种被动的状态"，提出了"教育性教学"原则，并逐渐形成了以解决如何教为中心的教学理论体系。[73]在传统教学中，运用到的主要教学方法是讲授法。现代教学方法是相对于传统教学方法而言的，19世纪末，美国著名实用主义教育家杜威提倡从儿童的天性出发，促进个性的发展，与赫尔巴特的传统教育思想形成了巨大的反差。杜威在教学方法上主张"从做中学"，在此基础上提出"五步教学法"，与赫尔巴特的"四步教学法"相比，强调以"活动"为中心，学生在"做"的过程中发现问题的真实性和有效性。这也就把传统教育的"教师中心、书本中心、课堂中心"转变成了现代教育的"儿童中心、经验中心、活动中心"。现代教学中常用的教学方法有斯金纳的"程序教学法"、布鲁纳的"发现教学法"和洛扎诺夫的"暗示教学法"。

21世纪初，美国教育技术专家杰里米·F. 思特尔（Jeremy F. Strayer）开展了翻转课堂对培养协作和创新能力等方面的实践研究。翻转课堂是从英语"flipped

class model"（或inverted classroom）翻译过来的术语，通常也被翻译成"反转课堂"或"颠倒课堂"，或者被称作"翻转课堂教学模式"，简称为FCM。其基本思路是：把传统的学习过程（教师讲、学生听）翻转过来，让学习者在课外时间完成针对知识点和概念的自主学习，课堂则变成了教师与学生之间互动的场所，主要用于解答疑惑、汇报讨论，从而达到更好的教学效果。从FCM的最初创意来看，这是一种教学结构和模式的翻转，其结果不仅创新了教学方式，而且翻转了传统的教学结构、教学方式和教学模式。在这种模式下，学生成为学习的主体，教师则是学生学习的组织者、帮助者和指导者。[74] 2014年，复旦大学张学新教授提出了对分课堂教学法，对分课堂的核心理念是把一半课堂时间分配给教师进行讲授，另一半分配给学生以讨论的形式进行交互式学习。类似传统课堂，对分课堂强调先教后学，教师讲授在先，学生学习在后。类似讨论式课堂，对分课堂强调生生、师生互动，鼓励自主性学习。[75]

综前所述，国内外教育工作者提出了许多教学方法，讲授法、讲练法、练习法、实验法、图示法、比较法、启发法、提问法、类比法、程序法、掌握学习法、发现法、讨论法、探究法、自主法等等。也引起了很多学者、教师的关注，但在国内的教学实践中，却存在着"一研究就成功，一推广就失败"的尴尬。究其原因，不外乎以下几点。

首先，与国外的学生相比，国内的学生通常较为内敛，更习惯于传统的授课模式，不善于课堂争论和自主探索。对于诸如以学生为中心式的教学活动，部分家长认为活动中的教师是"失职、没有尽到教师'教'的职责"的。

其次，所有教学方法的提出都与提出者身处的具体环境紧密相关，这一环境涉及教学环节所有要素，如教学内容、授课对象、教学环境以及提出者所在国的人文社会文化等要素，这也是导致"一研究就成功，一推广就失败"尴尬局面的原因。笔者根据自己长期从事本科生教学的实践提出了观窗教学法，该方法是充分考虑了中国社会环境、中国学生特征、中国大学的教学环境而提出的，继承了中国优秀传统文化，充分体现教师在传道、授业与解惑中的作用。

8.1 观窗教学法的问题分析

8.1.1 学生分析

（1）学生的第一个痛点就是迷茫！

学生对各类工程专业及其特征是什么感到迷茫，未来职业生涯如何规划，面对实施大类招生的专业，分流时学生对如何选择专业感到迷茫。不知道所学课程毕业后能干什么。

（2）学生的第二个痛点还是迷茫！

教学过程习惯于被灌输，高强度的学习经历使学生主动和终身学习意识差。不知道如何开展自主学习——没有知识地图的引领，这个地图既要有一门课的，也要有整个学科的。

（3）学生的第三个痛点是不知道如何适应集体生活、如何合理安排学习与社会活动、如何进行时间管理等。

在团队学习中找不到自己的位置，认为团队学习是交给别人的学习。大多数学生在学习过程中浅尝辄止，避重就轻。

学习是一个思维的过程，思维需要费神、费力，长期在一个环境中，学生会形成学习倦怠。大学生的学习现状：平时不学，期末学；目的是获得好的考试分数而不是学得知识。

8.1.2 教学方法分析

传统教学法一上来就讲分割了的知识，缺少一个完整的知识地图，即对整个学科知识体系的介绍、对应用项目全过程实务流程的介绍。导致学生一入大学就感到十分迷茫，根本不可能做到自主学习。

（1）灌输式教学法，即学生根据教材（教师的课堂讲授、慕课和微课）逐

页进行学习，尽最大努力在规定时间内学习所有的事实资料。

（2）活动导向式教学法，只动手不动脑，就算学生真的有所领悟和收获也是伴随着有趣的体验偶然发生的。活动纵然有趣，但未必能让学生获得智力上的成长。

格兰特·威金斯认为上述教学法都缺乏清晰的目的和明确的表现性目标。[69]

当前流行教学法的核心是：强调以学生为中心，如翻转课堂、慕课、微课，这样的教学方式一不为学生指引方向，二不告诉学生知识地图，三不知道工程知识对于刚刚走出家门的孩子们意味着什么，四不利于培养学生的自学能力。笔者的问题是：学生跟教师学到了什么？教师是否可以帮助学生进行深度学习？

8.1.3　教学目的和策略分析

现代教学目标应包括知识和能力、过程和方法、情感态度和价值观三方面。

传统教学法难点主要在于：①知识的深度和知识的模糊性；②师生之间知识信息不对称造成教师与学生之间具有知识梯度，难以交流。

8.2　观窗教学策略的理论基础

观窗教学策略的理论基础是交互设计理论。交互设计以用户体验为目标。然而，什么是"用户体验"？答案并不是那么清晰。本书从"体验"在个体适应环境过程中的意义出发，提出体验的BCE（代价、回报和期望）分析模型，进而解释自然人机交互（NUI）和界面美学的本质，把用户体验变成一个更加可控、可预测的设计目标。教学交互理论在网络教学中的实际应用主要体现在具有强大交互性的教学环境的创设与完善上。

（1）什么是交互？你来我往，谓之交互。当人和一件事物（无论是人，还是机器、系统、环境等等）发生双向的信息交流和互动，就是一种交互行为。

（2）什么是交互设计？以人的需求为导向，理解用户的期望、需求，理解商业、技术以及业内的机会与制约，创造出形式、内容、行为，有用、易用，令用户满意且技术可行，具有商业利益的产品。

观窗教学法教学设计要素如表8-1所示。

表8-1 观窗教学法教学设计要素

		教学过程信息场模型设计变量			测	超系统元素
教学过程信息场元素	人	学生们	老师			对人产生影响的信息源
	机（信息终端）	手机	电脑	多媒体屏幕 iPad	交互性评价	对机产生影响的信息源
	教学材料	课本	网络资源	图书馆资源 —	可用性评价	对教学材料产生影响的信息源
	教学方法	以教师、教材和课堂为中心	以学生、体验和情境为中心	混合 —	适应、契合性、评价	对教学法产生影响的信息源
	教学环境	自学环境	教室环境	实验室环境 软环境	适应性评价	对教学环境产生影响的信息源
	测	过程性评价、终结性评价	教学效果评价		反馈性评价	对评价法产生影响的信息源

8.3 观窗教学概念设计

1.学习目标

客观主义学习理论（包括行为主义和认知学习理论）认为学习的目的是获取知识；而建构主义学习理论认为学习的目的是建构有意义的知识体系（知识意义的建构——理解）。

实际上，学习目标是有多元结构的。它既有知识的获得，又有能力的提高和情感的升华。就知识学习而言，既有对知识意义的理解，同时也有低层次的记忆，以及高层次的应用和创新。如表8-2所示为布鲁姆提出的三维目标。

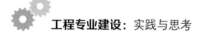

表8-2　布鲁姆三维目标

教育目标	从低到高 认知领域	知识	对先前学习过的材料的记忆
		领会	能把握材料的意义，可以借助转换、解释、推断来表明对材料的领会
		运用	能将习得的材料应用于新的具体情境，包括概念、规则、方法、规律和理论的应用
		分析	能将整体材料分解成它的构成成分并理解其组织结构，包括成分分析、关系分析、组织原理分析
		综合	能将部分组成一个新的整体，包括进行独特的交流、制订计划或操作步骤、推导出一套抽象关系
		评价	对材料做出价值判断的能力，包括按照材料的内在或外在标准进行价值判断
	动作技能领域	知觉	运用感官获得信息以指导动作
		定向	运用感官获得信息以指导动作
		有指导的反应	复杂动作技能学习的早期阶段，包括模仿和尝试错误
		机械动作	复杂动作技能学习的早期阶段，包括模仿和尝试错误
		复杂的外显反应	包含复杂动作模式的熟练动作操作
		适应	技能的高度发展水平，学生能修正自己的动作模式以适应特殊的装置或满足具体情境的需要
		创新	创造新的动作模式以适合具体情境，强调以高度发展的技能为基础的创造能力
	从低到高 情感领域	接受	学生察觉、愿意接受、有控制或有选择地注意
		反应	学生主动参与
		价值化	学生对特殊的对象、现象或行为与一定的价值标准相联系
		组织	将许多不同的价值标准组合在一起，克服它们之间的矛盾、冲突并开始建立内在一致的价值体系
		价值与价值体系的性格化	个人长期控制自己的行为以至发展了性格化生活方式的价值体系

（2）学习策略。

学习策略包括学习情境的创设、学习模式和学习方法的选择等内容。在自主学习教学设计中，可以为学习者选择资源型学习、探究型学习、研究型学习、协作型学习等各种自主学习模式。

（3）观窗教学策略，如图8-1所示。

①告诉学生学习方向，即告诉学生什么样的工作需要什么样的知识和能力——方向引领和职业生涯导向。

②通过结构化的作业模式引导学生们开展自主学习。

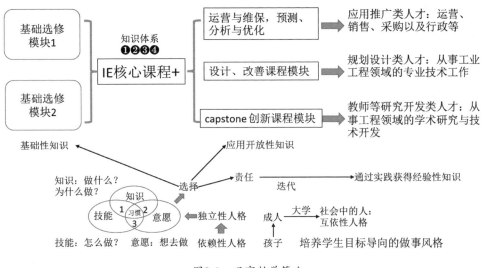

图8-1 观窗教学策略

（4）通过观窗教学纠正学生的认知偏差，通过分析与经验知识和前沿知识的传授激发学生进一步探究知识的愿望。

（5）通过给出一门学科和相应课程的知识地图，如图8-2所示，以便于学生自主学习。

（6）通过大作业从头到尾完成一个项目，通过项目告诉学生知识是如何使用的，并通过讨论培养学生的思辨能力。

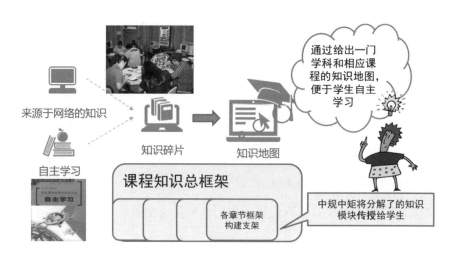

图8-2 培养方案赋予学生们的知识选择

8.4 教学内容设计

依据结构化的知识框架（见图8-3）进行自学内容和讲授内容的设计（见表8-3），实现知识体系的价值和作用的方向引领。

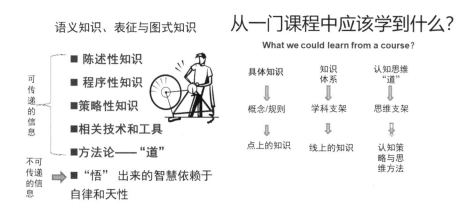

图8-3 结构化的知识框架

表8-3　学习内容的分类说明

内容	学习内容分类说明	教学方法
事实	指术语，如姓名、时间、地点、事件名称等	自学
概念	将具有同样特征的事物进行归类，表征这种事物的属性、名称	自学
原理	把若干概念组合，用来陈述事物之间的因果关系和规律	讲授
技能	它是指一系列动作的连锁化（语音+智力+手工+机械操作+综合），这里主要讲智力主导的这一技能	实验、研讨
问题解决	发现问题、提出假设、收集事实、做出解释论证的程序和方法	大作业、研讨

8.5　教学过程设计

　　翻转课堂是指在信息化环境中，课程教师提供以教学视频为主要形式的学习资源，学生在上课前观看和学习教学视

> 英式教学方式：大课讲座（lecture）、小班研讨（seminar）、实习（practice）和导师辅导（tutorial）

频等学习资源，师生在课堂上完成作业、答疑、协作探究和互动交流等活动的新型教学模式。观窗教学法是建立在翻转教学模式基础上，并通过反思和修正而提出的教学方法。笔者的问题是：学生课下的学是听还是读？读不懂是能力问题，阅读能力可以训练，听不懂不是能力问题，如何训练？教师课上：讲不讲？讲什么？怎样讲？传统教学与翻转教学对比见图8-4。

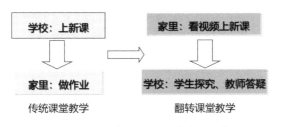

图8-4　传统教学与翻转教学对比示意图

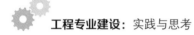
基于上述反思本书提出了观窗教学的理念。观窗是指依据对学生的学习之窗、认知之窗和心灵之窗的观察，发现学生学习过程中的理解问题和心智问题，实现精准施教。观窗教学法这一名字是受美国综合性公立大学佐治亚西南州立大学教授丹东尼奥（D'Antonio）的比喻启发而得。他说："学生的回答就像是学习之窗，当教师走进这些'学习之窗'时，就会明白学生知道了什么、了解的程度有多深及怎么看待这些想法。"本书提出的教学方法在课堂的前半部分主要由学生汇报他们的合作学习情况，通过汇报教师就会明白学生知道了什么、对有关概念了解的程度以及怎么看待这些概念，接下来教师会根据所了解的学生们的学习情况有针对性地授课。因此，观窗教学法不仅强调教师的有的放矢，更看重教学设计与学习的时间绩效；该方法的核心是如何在教学过程中体现"教师"的价值。如图8-5所示为观窗教学法的教学过程。

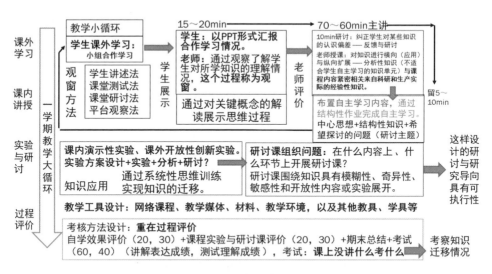

图8-5　观窗教学过程

该教学法关注两个循环：

90 min小循环和一个学期大循环。小循环在于观窗教学，实现精准施教。大循环在于通过大作业将碎片知识整合化；通过目标导向性的评价引导学生认识自己。

课前，以学生为主体的学，是在教师设计好的轨道上、方法上的学，学生需通过结构性作业完成自主学习。作业由中心思想+结构性知识+问题表述（研讨主题——大概念）组成。学生需要根据阅读归纳中心思想，提出自己的问题，旨在培养学生的阅读能力和提问思维（见图8-6）。

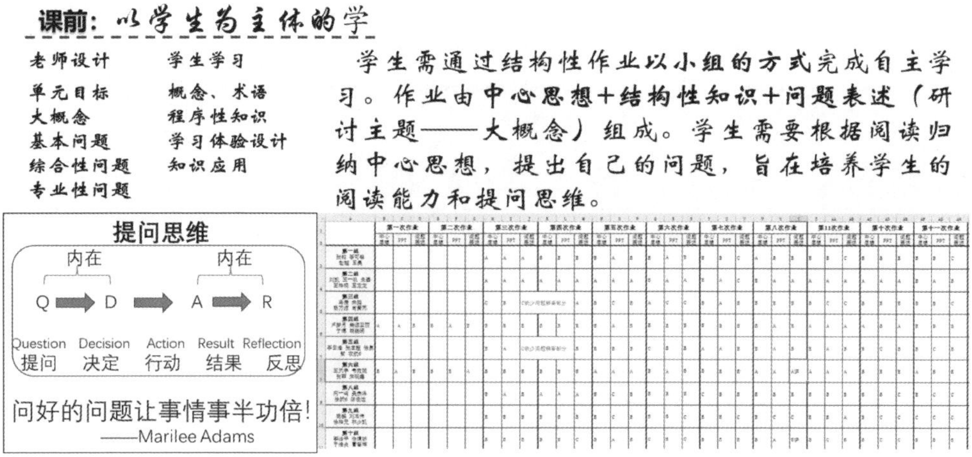

图8-6　课前学习示意图

团队协作学习：按照知识地图和教学进程发布自学内容和资料，使用大数据分析方法监控学生们的自学状态；协助学生构建自己的知识体系，培养其知识素养。

图8-7给出了进行团队协作学习分组的类型和优缺点，实践表明最佳组队方式是自由报名或推荐协调者，允许协调者自己选一个助手，每个小组由四人组成，剩余两人通过随机抽签确定。

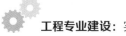

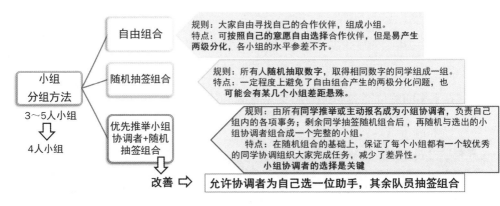

图8-7　团队构建方法

《学记》论述了"教之所由兴"和"教之所由废"的道理，提出了教学过程中应遵循的原则与方法，即"豫时孙摩"四条重要教学原则。其中，"摩"，就是"相观而善"的原则。《学记》强调师友之间的切磋琢磨，互相取长补短，在集体的研讨、争鸣、竞争中借助集体的力量共同进步。否则，如果一个人孤独地学习，脱离集体环境拒绝学友的帮助而闭门造车，那么必然造成"孤陋而寡闻"的窘态。

团队学习内容设计：有些内容适合团队协作完成，有些则不适合，如何设计适合的作业需要研究。

学生活动设计。针对教学环节的具体目标，对学生活动的内容、形式（小组合作、自学等）、方法（探究、讨论、实验等）、手段（利用学案、实验等）及结果做出较为具体的预测、规划及描述。设计需要可观测，有实效性，能完成对应的教学目标。

课中，课中教学模式（见图8-8）共分两个环节：一是观窗环节，由学生汇报作业完成情况，或使用小考的方式测验学生对叙述性知识的掌握程度；二是教师根据学生汇报或小考进行答疑，讲授相关程序性知识，并根据这部分内容与科研的相关性做横向或纵向知识拓展。图8-9所示为观窗教学学生知识的形成逻辑。

图8-8 课中观窗教学模式示意图

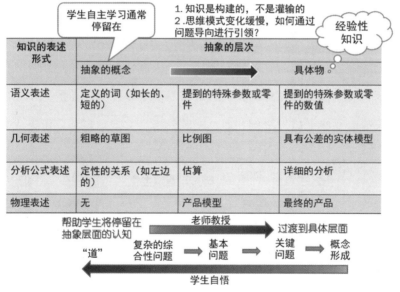

图8-9 观窗教学过程中学生知识的形成逻辑

不同情境下组织学生研讨的示意图，见图8-10。

研讨课主要根据学生的汇报和作业情况，针对共性问题，使用无领导小组或世界咖啡屋的形式展开研讨。如图8-10所示是笔者在不同时期、不同教室环境下带领学生进行研讨时的情境。

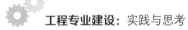

图8-10　不同情境下组织学生研讨的示意图

课后：通过模块大作业将碎片知识整合，并通过研讨和答辩理论联系实际地见习学生的综合分析能力、解决问题能力、人际协调能力、组织计划能力、自我认知和语言表达能力。图8-11展示的是第三模块设计大作业的基本情况，学生需根据需求情境并参考启发案例，通过问题分析、方案呈现和评价完成大作业。

图8-11　课后大作业示意图

8.6 评价方法设计

评价方法主要有：形成性评价和总结性评价。形成性评价是一种过程性评价。目的是诊断教学过程中存在的问题，及时纠正教学中的不足，使教师能顺利完成教学目标。形成性评价一般有：提问、讨论、练习、小测验、问卷、观察、个别谈话等。 总结性评价是一种阶段性评价，也是一种目标参照性评价。其目的在于检测教学目标的到达度。总结性评价一般有：单元考试、学期考试、学年考试等（给出成绩或等级）。

观窗教学法实施过程性评价时，学生成绩由期末成绩和平时成绩组成，具体分配如图8-12所示。其中，大作业成绩实施优秀申请制，即作业布置下去后，团队需要选择成绩，并依据自己的选择完成作业。通过答辩确定成绩，最后答辩获得的成绩最高就是学生选择的成绩。这个评价方法是观窗教学法的一个重要组成部分，旨在使学生认识自己，培养学生的选择意识和团队责任感。

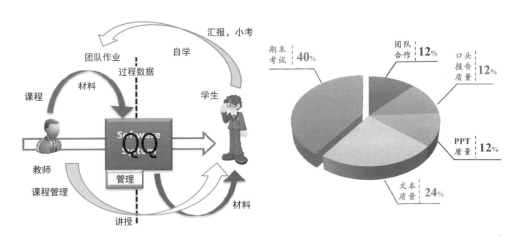

图8-12 过程性考核的成绩分布

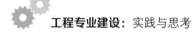

对形成性评价与总结性评价的思考：评价中存在客观性与主观性之间的博弈，客观性的标准考试能筛选出那些名列前茅的人，但是有可能遗漏许多未来的优秀人才。利用表8-4所示的参与小组学习活动的表现评价可以弥补客观性评价的不足。

表8-4 团队合作评价表

参与小组学习活动的表现	评价等级			
	优	良	中	差
1. 与其他同学合作与交流	5	4	3	2
2. 认真听取其他同学的意见	5	4	3	2
3. 表达自己的观点和意见	5	4	3	2
4. 与其他同学共同制订计划	5	4	3	2
5. 与其他同学共同完成任务	5	4	3	2
6. 完成自己的任务	5	4	3	2
7. 帮助其他同学	5	4	3	2
8. 协调小组成员	5	4	3	2
9. 促进小组学习活动	5	4	3	2
10. 与其他同学分享学习成果	5	4	3	2

由前述可知，建立在对翻转教学模式反思基础上的观窗教学理念具有独到性，在教学过程中所采用的作业结构化、知识内容模块化、教学过程分段化、碎片知识通过模块大作业整合化的方法，即促进学生知识内化的教学法具有先进性，而引导学生选择成绩目标，限定作业内容，激发学生的学习渴望，实施分层教学的评价方法具有创新性，该评价法也使本课程的培养理念具有特色。综上，通过平时作业"结构化"的读书、模块大作业"情境化"的做事，通过研讨课的"论"，论出智慧的育人方法，基于观窗教学法的教学设计促进了学生心智模型

的发展，因此具有科学性。

观窗教学的目标在于培养学生的自我认知、目标导向和理论联系实际的能力。共识目标在于培养学生自主学习、体验探究、总结反思的能力，其差异见图8-13。

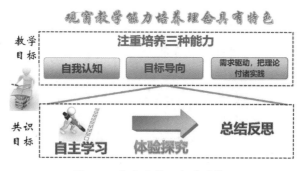

图8-13 能力培养理念的差异

8.7 观窗教学法与传统教学法、翻转课堂的差异

8.7.1 观窗教学法与传统教学法的差异

传统教学方法注重研究教法，有利于发挥教师在教学中的主导地位，有利于系统知识和技能的传授，能够使课堂教学规范化并在一定程度上有利于教学质量的保证。但传统教学方法忽略学生的主体地位和个别差异，加上教学活动的内容单调，使得学生很容易出现"机械学习，呆读死记"的状态。传统教学的目标是知识的传授，由教师进行意义建构，通过教材、讲座和课堂将知识传授给学生。在传统的课堂上师生交互很少，学生被动接受，主动性低，难以培养思维能力和探索精神。在传统教学法中教师有时也会要求学生进行预习，但是却不要求其汇报或展示和讨论。

观窗教学法是一个预习、汇报、观察评价后再讲授的过程，通过预习使得学生能够在一个经过提升了的认知平台上去听教师的课，为师生互动提供了知识

储备。通过汇报可以培养学生的口头与书面表达能力，因预习是要求学生以小组合作学习的方式展开的，所以，这种方法也培养了学生的团队合作能力；通过观察和评价，教师能够及时识别并纠正学生的错误概念，并及时解决其理解上的差异问题，通过教师的进一步讲解、授课，可以为学生提供反思的机会，使学生的知识进一步升华和结构化。观窗教学法在课堂上不仅向学生传授了知识，也锻炼培养了学生们的表达能力和团队合作能力。

8.7.2 观窗教学法与翻转课堂的差异

翻转课堂是近年来教学领域十分流行的一种教学模式。其基本思路是：把传统的学习过程（教师讲、学生听）翻转过来，让学生在课外时间完成针对知识点和概念的自主学习，课堂则变成了教师与学生之间互动的场所，主要用于解答疑惑、汇报讨论，从而达到更好的教学效果。从翻转课堂的最初创意来看，这是一种教学结构和模式的翻转，其结果不仅创新了教学方式，而且翻转了传统的教学结构、教学方式和教学模式，建立起比较彻底的"以学生为中心"的教学方式。在这种模式下，学生真正成为学习的主体，教师则是学生学习的组织者、帮助者和指导者。这种方法的最大问题是：翻转课堂大部分时间用于讨论，讲授过少，不能充分发挥教师价值。

观窗教学法的基本思路：将适合学生自主学习的知识让学生们自习，而不适合学生自学的内容则由教师来讲授。具体做法为将部分适合学生自主学习的知识让学生在课外以小组的方式进行合作学习，并在课堂讲解或讨论，教师通过观察了解学生的学习效果——谓之观窗，然后由教师进行有的放矢的讲解，并完成适合教师讲解的那部分内容的讲解——传道、纠偏解惑加授业。在翻转课堂中将教师的角色定义为学生学习的组织者、帮助者和指导者。而观窗教学法的核心是如何在教学过程中体现"教师"的价值。翻转强调的是以学生为中心，组织不好很难达到学习的预期效果；观窗教学法更看重教学设计与学习的时间绩效，是中西合璧、传统与现代相结合的教学法。

8.8 总结与思考

综前所述，观窗教学法的创新点有二：首先意义建构是双中心制，即首先以学生为中心进行意义建构，这一过程缓和了师生在认识水平上的矛盾，然后由教师对意义进行重塑和完善。其次，观窗教学法的教学目标不仅包括了知识传授，还包括了对学生团队合作能力与表达能力的培养。

值得注意的是：信息化时代，谷歌、百度、微课、慕课使学生获取知识变得极其容易，课怎么上？首先，从传统的以教师、书本和课堂为中心到现代的以学生为中心，无论是翻转课堂还是合作学习、案例教学法等都离不开教师细致的教学设计，没有有针对性的教学设计，任何一种教学方法均不会达到其预期的教学效果，教学效果显然是与教师的努力和辛勤工作分不开的。其次，任何一种教学方法都是由提出者根据自己的教学环境和教学内容提出的，因此，选用时要根据自己的教学内容与环境进行仔细的教学设计才能获得预期的教学效果。例如，西方国家的大学学生人数没有我们多，而其教学环境，如教室及其设施要远好于我们，西方国家的大学教室设计是适合研讨课开展的，而我们的教室却不行，因此，在使用别人提出的教学方法时需要具体问题具体分析，并对自己的课程按照使用的教学方法进行良好的设计才能达到该教学方法应有的效果。此外，笔者认为法无定法，适合就好。教学方式方法的选择，主要依据不同的课型、不同的教学目标、不同的教学内容、教学的设备和条件、学生的实际情况、教师自身的素质和条件等而定。最后，当下的评价制度不利于教师全身心投入教学工作中，大学管理者往往以教学工作不易评价为由而不作为，因此，在大学里常有"混课"

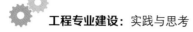

的情况出现。为此，以如下一首打油诗作为本章的结束语。

- 世界狂吹网络风；

- 彩屏一点接苍穹。

- 观窗听雨得悟性；

- 切忌漂浮落地空。

- 小术容易大道难；

- 不可替代是先生。

- 观窗解惑、传道授业。

教师的价值与作用　第九章

自行束修以上，吾未尝无诲焉。

——孔子

失去本真自我，赢得整个世界又有何益？

——耶稣

三尺讲台，三寸舌，三寸笔，三千桃李。十年树木，十载风，十载雨，十万栋梁。

——春秋时期·管仲《管子·权修第三》

哲学有两个核心议题：①存在的本质；②认识的本质。在教学过程中教师的价值和作用是什么，这是一个存在问题；而学习的本质是认识问题；怎么教则是教学设计问题。为此，本章将探讨教学设计中教师的价值与作用问题。

9.1　在学科、专业岗位设置中体现价值

一流大学要有一流的学科。一流的学科往往需要通过长期的建设和发展才能形成。推动一流学科的形成，其中一项基础性的工作是师资队伍的建设，从管理的角度看师资队伍建设应该是岗位设置问题，而不是人才帽子问题。科学合理地设置学科、专业组织中的岗位，使教师的价值和作用在岗位中得以体现，可以促进学科的发展，加快一流学科建设的步伐。

学科、专业落实到组织层面就是院系设置，落实到师资队伍建设层面就是岗位设置。借鉴欧美日等国家的先进经验，建议按照学科门类设置学院，如设置理学院、工学院、农学院、医学院等。按照一级学科设置系所，如机械工程系、工业工程系等，系级单位负责本科生的培养，按一级学科下的特色研究方向构建相应的研究所，研究所负责研究生培养。具有什么样的特色研究方向，就培养什么样的特色研究生，进而形成具有竞争力的一流学科和一流专业。

9.1.1　学科、专业的岗位设置

无论是企业还是事业单位都可以看作一个系统，所设岗位应该是这个系统中必不可少的一环，缺少这一环，这个系统就不能有效地运营。国内大学与国外大学对岗位的认识不一样，例如，英国、欧洲和日本的教授职衔，既是职称，也是岗位。国内更关注人才建设，而不关心岗位建设。

岗位不同，教授和教授的职责也不一样，大多数教授要么在科研上取得了

成绩，要么在教学上取得了成绩，他们都得到了相应的绩效津贴。而还有另一类教授，他们负责着整个学科的建设，这个学科含有本科生、硕士研究生、博士研究生，为这个学科的发展做出了重要贡献，他们运筹着这个学科的发展，却没有得到承认。学校是由若干学科和专业组成的，学科、专业负责人不设岗，那这个学校就会出现行政代替学术、行政学术混为一谈的状况。

目前学校分配政策向帽子人才倾斜较多，如国家以及省、教育部等部委评出的各种人才，他们拿特殊人才津贴较为合适。国家以及省、教育部等部委评出的各种人才是我们国家在社会发展的不同历史时期的阶段性产物，随着社会的进步，制度的完善，这些设置将自然消失，这些设置有它有利的一面，对人才提供了必要的支持和肯定，但也有它消极的一面，助长了学术浮躁风气，使追名逐利者趋之若鹜。无论是哪类人才，都应当得到尊重无疑，但把他们的帽子当作岗位不合适，除非他们处在相应的学科负责人的岗位上。大多数的帽子人才对学科、专业组织建设贡献不大，其所得与他对学科、专业组织中的贡献不匹配。

此外，目前学校还将各类奖励与岗位津贴挂钩，如将国家科技进步奖、教学名师奖获得者等定为二级教授岗，这不合适，奖励不是岗位，获奖者可以获得绩效工资，但他不能借此获得岗位津贴，除非他们在相应的岗位上，这样做的结果是学校岗位设置不清，拿钱者多，干活者少。

学科负责人在设岗过程中应该考虑什么是学科、什么是专业以及什么是方向，我国高等学校本科教育专业设置按"学科门类"、"学科大类"（一级学科）、"专业"（二级学科）三个层次来设置。

但是现在系级学科一个学科由若干方向组成，方向负责人要不要设岗？是在一级学科设岗，还是在二级学科设岗？学科负责人与行政负责人同为一人怎么办？利益责任如何挂钩？

学科门类召集人、建设负责人，目前的设置比较模糊，不具有岗位特征，通常由校长或门类负责人兼任，但是缺乏岗位、职级和分配的明确关系。

一级学科包含本科生、硕士研究生以及博士研究生的培养，这个学科的负责人应该具有岗位特征，指定负责人并明确岗位职责，并赋予一级教授的职级。

二级学科，通常也是专业，负责本科生培养的是专业，负责研究生以及博士研究生培养的是二级学科及其若干研究方向。这一级比较复杂，有的只包含本科生，而有的包含本科生和硕士研究生，还有的只有硕士研究生和博士研究生培养，如何区别设岗值得考虑。

建议在一级学科设一级教授岗位，负责整个学科的规划和建设，这个规划既包括各级学生培育计划也包括学科科学研究与社会服务特色方向的规划，即使是院士，没有学生培育热情，仅专注于学术研究也不能享受这个一级教授岗位的待遇，这个岗位可以考虑国外教授岗位的设置方法，此人不走不退，其他人需要等待。

在二级学科设专业负责人岗，负责整个专业的规划和建设，这个规划既包括各级学生培育计划也包括学科科学研究与社会服务特色方向的规划，二级岗一定包括对本科生培养的责任，也就是说某个专业没有本科生培养，仅有研究生培养，那么这个岗位不能设为二级岗，只能设为三级岗，三级岗是为那些工作于特色研究方向、从事研究生培养的教授设置的。

目前在中国大学里的一个普遍现象是把那些不具有科学研究能力的人划归为教学型，这是不科学的，笔者的建议是承包专业课程到研究所，由研究所负责专业课程建设，在研究所中既形成科学研究梯队，也形成教学研究团队，并在组织结构上保证研究所特色研究服务于本科生教育的目的。

如图9-1中方案1的院组织设置在学科门类，如工程学院、理学院、文学院、社科学院等，在一级学科进行大类本科生培养，系组织负责本科生培养，系主任也是专业负责人，研究所负责研究生培养，所长也是学科研究方向负责人。

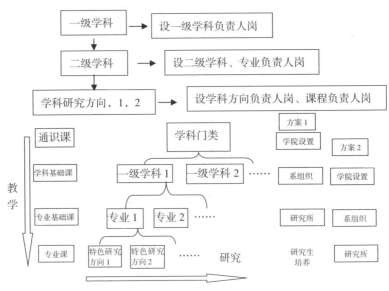

图9-1 理想中的大学教学与学术组织设置

方案2的院组织设置在一级学科，如机械工程学院、交通学院、材料科学学院等，在一级学科的各个专业中进行本科生培养；系组织负责本科生培养，研究所负责研究生培养。学科带头人岗位职责建议：

学科带头人负责学科建设、学科评估、培养方案的制订、课程设置、研究方向的确定、师资引进规划与培养计划等。

笔者认为：如在未来大学学科组织建设中坚定地执行岗位制而非帽子制，那么经过若干年的努力，在世界一流大学中中国大学的占比会更高。

9.1.2 专业负责人岗位职责描述

大学系主任一般都是专业负责人，国内情况比较混乱，下面介绍美国几所大学在招聘系主任时对专业负责人岗位的描述以资借鉴。[78]

岗位描述案例1

The Cockrell School of Engineering at the University of Texas at Austin seeks an experienced and visionary academic leader with a distinguished record of research for the position of chair of the Walker Department of Mechanical Engineering（ME）. The department has 67 faculty members and encompasses a broad range of disciplines in the mechanical sciences and engineering, including dynamic systems and controls, manufacturing and design, thermal and fluid sciences, materials science and engineering, biomechanical engineering, nuclear engineering, acoustics, and operations research. During the 2017-18 academic year, research expenditures in ME totaled $23 million.

得克萨斯大学奥斯汀分校科克雷尔工程学院招聘沃克机械工程系（ME）系主任一职，招聘经验丰富、有远见卓识的学术领袖。该系有67名教职员工，涵盖了机械科学与工程领域的广泛学科，包括动力系统与控制、制造与设计、热学与流体科学、材料科学与工程、生物力学工程、核工程、声学和运筹学。在2017—2018学年，机械工程系的研究支出总计2 300万美元。

The chair is expected to advance the department's mission by attracting and mentoring the highest quality faculty, expanding and broadening the department's interdisciplinary research activities, and initiating innovative educational programs both at the undergraduate and graduate levels. Significant resources are available to support mechanical engineering; the chair should possess a vision for continuing its growth as a preeminent teaching and research program.

系主任将通过吸引和指导最高质量的教师，扩大和拓宽部门的跨学科研究活动，并在本科和研究生阶段启动创新的教育项目来推进机械工程系的使命。重要的资源可用来支持机械工程；系主任应该有一个愿景，继续发展作为一个卓越的教学和研究项目。

Mechanical engineering is one of seven departments within the Cockrell School,

which is among the largest schools/colleges on the UT Austin campus. The mission of the School is fourfold: to educate leaders who think big and think creatively; to pursue innovative solutions through research, industry partnerships, and a commitment to fostering entrepreneurship; to encourage cross-disciplinary collaboration; and to provide a supportive and inclusive environment for all members of our community. The Cockrell School has approximately 280 faculty members and enrolls approximately 6,000 students in 11 undergraduate majors and 2,100 graduate students in 12 degree programs. With strong backing from university and industry leaders, Cockrell is poised for growth and further excellence.

机械工程系是科克雷尔学院的七个系之一，科克雷尔学院是得克萨斯大学奥斯汀分校最大的学院之一。学院的使命有四个方面：培养有远见和创造性思维的领导者；通过研究、行业合作和致力于培育创业精神，寻求创新解决方案；鼓励跨学科合作；并为所有社会成员提供一个支持和包容的环境。科克雷尔学院约有280名教职员工，11个本科专业约有6 000名学生，12个学位课程约有2 100名研究生。在大学和行业领导者的大力支持下，科克雷尔将继续保持发展和进一步的卓越。

The chair of the Walker Department of Mechanical Engineering will be a member of leadership team for the school and will have an important role in implementing a vision for excellence.

沃克机械工程系的系主任将是学院领导团队的一员，并将在实现卓越愿景方面发挥重要作用。

Requirements for this position include a Ph.D. in mechanical engineering or in a closely related discipline; academic achievements commensurate with appointment as a full professor with tenure; a distinguished record of research; and international recognition in his or her field. The successful applicant is also expected to have demonstrated leadership abilities, administrative skills, and experience in fostering collaboration and building consensus amongst colleagues.

该职位的要求包括具有机械工程或相关学科的博士学位、与聘任为终身教授相称的学术成就、杰出的研究记录、在他或她的领域获得国际认可。成功的申请人还应表现出领导能力、行政技能，以及在同事之间促进合作和建立共识的经验。

岗位描述案例2

Job Summary: Drexel University, a top-ranked Carnegie R1-classified research institution located in Philadelphia, seeks an innovative leader and research scientist for the position of professor and head, Department of Biology（https://drexel.edu/coas/academics/ departments-centers/biology），in the College of Arts and Sciences starting in September, 2020.

工作概述：德雷塞尔大学，是费城的顶级卡内基R1分类研究机构，自2020年9月起，在艺术与科学学院寻找创新领导者和研究科学家，担任生物学系教授和系主任（https://drexel.edu/coas/academics/departments-centers/biology）。

Successful candidate will teach graduate and/or undergraduate courses. Maintain an active research portfolio. Provide service to the university, college, and department as well as to the general discipline. Department head leadership responsibilities: strategic planning, educational programming and assessment, management and stewardship, faculty recruitment, retention, and advancement, scholarly work, research, and creative activity, shared governance, collaboration, and departmental culture, staff management.

成功的候选人将教授研究生和本科课程，并维持一个活跃的研究组合。 为大学、学院和院系以及一般学科提供服务。系主任的主要职责：战略规划、教育

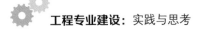

项目和评估、管理和工作、教师招聘、维持和晋升、学术工作、研究和创造性活动、共享治理、协作和部门文化、员工管理。

Candidates should also exhibit: A proven record of teaching and service activities; research achievements consistent with qualification for the rank of full professor at an R1 institution; academic administrative experience; exceptional oral, written, and interpersonal communication skills; a strategic vision and ability to guide and nurture the research, teaching, and service missions undertaken by a diverse faculty; commitment to building a culture of transparency and shared governance; experience in mentoring students and faculty; an ability to bolster the department's extramurally funded research programs and strengthen undergraduate and graduate student training; understanding of the enrollment and retention challenges of an undergraduate-serving department; an ability to advocate for the department's personnel and priorities.

申请人还应展示：可证实的教学和服务活动记录；与R1级科研机构正教授资格相符合的科研成果；学术管理经验；优秀的口头、书面和人际沟通能力；具有战略眼光和能力，以指导和培养由不同的教师承担的研究、教学和服务任务。致力于建设透明和共享治理的文化；有指导学生和教师的经验；支持系外资助的研究项目和加强本科生和研究生培训的能力；了解本科生的招生及其面临的挑战；有能力为部门的人员和优先事项谋取利益。

通过以上这两则美国大学系主任的招聘启事我们可以清楚地了解美国大学对系主任岗位的描述和定义。国内体系更关注院长级的定义，对系主任的定义比较模糊，通常从科研、教学和服务三个方面进行评价，但是更关注科研。

纵向研究看产出的论文和著作，论文和著作看代表作的质量和创新层次，由小同行进行评价；横向研究看经费数量，任何一个企业，无论国企还是私企都是看你对企业的贡献来提供经费支持的，专利看转让，专利本身保护的是商业价值，没有商业价值的专利，即使有创新，它也应归于可以共享的知识贡献，由小同行评价。

教学分基础课教学与通识课教学、专业基础课和专业课教学、实践课教学，实践课应该包括竞赛体系，教学主要从课程建设与教学效果以及教学科研三个方面进行评价。

服务问题比较复杂，因为中国体系与国外不同，中国体系是由专门的教学与学生服务机构及人员，即教务办、研究生办和学生辅导员群体，从事教学服务，与其说服务，不如说领导，因为他们既是向教师的发号施令者，又是教师的监督者；国外基本没有这个体系，教学服务工作基本是由教师分担。

9.2　教师在课程体系中的价值定位

无论是年轻教师，还是其他年龄段的教师，对自己的职业生涯有一个清晰的定位对其发展是至关重要的。我是什么专业的教师？为什么要教这门课？这门课教什么？如

> "君子既知教之所由兴，又知教之所由废，然后可以为师也。"《尚书·学记》

何教（一门课和一节课的差异）？在教学过程中如何体现自我价值？是教师们需要考虑的问题。

图9-2给出了课程体系的一般框架，在这个框架中教师可以根据自己的能力找到自己的位置。也可以由组织指定教师需要承担什么课程以及在教学过程中应该负有的责任。

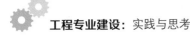
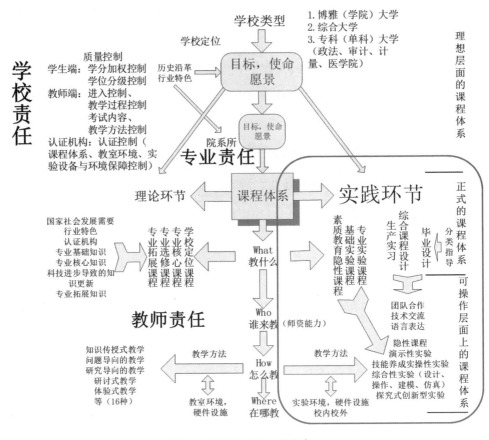

图9-2 课程体系的一般框架

教师价值与作用的中国古代的观点：韩愈（768—824年）作《师说》明确指出教师的价值是"传道、授业与解惑"。传道释义：传授、教育道德观念，即我们时下所说的"思想教育"，这个是基础教育，德为先，没有良好的思想道德基础难以成为栋梁之才（把"道"理解为思想道德的道有失偏颇，应为道德经中所指的"道"的含义较为妥当，即事物的规律，是方法和思维方式，也是信息）。授业释义：传授以学业、技能，这个技能是指能够使学习者适应生活、适应社会的各种技术、理论知识。解惑释义：惑，是指困顿，迷惑，当学生面临未知事物之时，运用自身的知识、技能为学生解开困顿、迷惑。传道、授业、解惑三者缺一不可，只有这样才能培养出全面发展的学生。

图9-3给出了目前教育界争论的焦点：如何对学生进行培养，是能力培养还是知识传授？是以学生为中心还是以教师为中心？还是兼而有之？

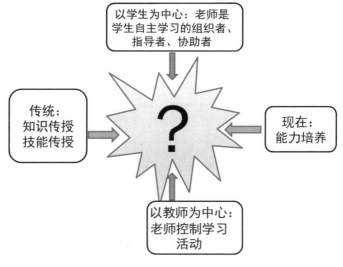

以学生为中心：老师是学生自主学习的组织者、指导者、协助者

传统：
知识传授
技能传授

？

现在：
能力培养

以教师为中心：
老师控制学习
活动

图9-3　两个中心论

教育教学应该达到三个目标：知识与能力、过程和方法、情感态度和价值观。这三个目标是由培养方案所设计的各个环节来实现的，不可能由一门课和一个教师来实现。但是教师是这个培养体系中的一环，他们要担负起培养方案所赋予他们的使命，并在教学过程中完成相应的目标，以实现自己的价值。那么在教学过程中如何实现自己的价值呢？是知识传授，还是能力培养？一门课应该进行哪些能力培养呢？

（1）知识要素：大学正是通过"明德""正道"和"求善"来引领和示范一个民族文化基础的形成的。文化的纽带是知识，大学是知识共同体，大学的全部活动以知识为联结。大学的教学是传播知识，大学的科研是生产知识，大学的为社会服务是运用知识，大学的图书情报是收藏和处理知识，大学的国际交流是交换知识。知识就是大学的内涵。鉴于上述认识，大学的教学设计其价值体现在

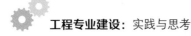

如何设计出高效的知识信息的传递方法，教师的作用和价值是在这个过程中体现的。

（2）能力要素：《华盛顿协议》是1989年由来自美国、英国、加拿大、爱尔兰、澳大利亚、新西兰6个国家的民间工程专业团体发起和签署的协议。该协议主要针对国际上本科工程学历（一般为四年）资格互认，确认由签约成员认证的工程学历基本相同，并建议毕业于任一签约成员认证的课程的人员均应被其他签约国（地区）视为已获得从事初级工程工作的学术资格。《华盛顿协议》所定义的工程学生毕业应该具有的终生工程能力如图9-4所示。

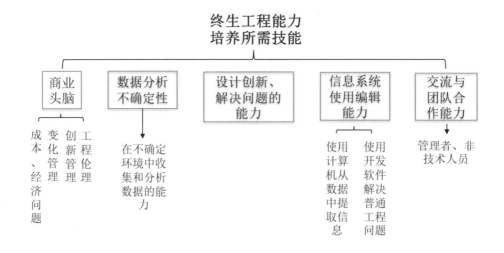

图9-4　《华盛顿协议》所规定的终生工程能力

美国版的"素质教育"看重的是极强的内在驱动力和进取心、丰富的课外兴趣、出色的社交技能，以及在繁多的学习、工作、兴趣之间管理时间的能力。具有这些素质的人可以在严苛的工作环境中生存下来，而且还能够生气勃勃，鼓舞别人的斗志。

According to ISO SS624070, competence is defined as "the ability and willingness to carry out a task by applying knowledge and skills."

When defining competence in the ProAct project the following implications were made：

Ability-experience, comprehension and judgment to use knowledge and skills in practice, where willingness is the attitude, commitment, courage and responsibility; knowledge means facts and methods-to know and skills is to carry out in practice-to do.

《华盛顿协议》所规定的终生工程能力是课程体系规划的能力，并非一门课所能承担的责任。作为教学一线的教师个体不可能也没有必要承担学校或专业所有的教学目标，只要他能在教学设计中明确自己在这个体系中的价值和作用就可以。而就学生个体而言，如果能成功掌握一两种能力就可以了，不必掌握教学目标和认证体系要求的所有能力。

关于专业培养目标有两个极端现象，一是教师不熟知专业培养目标，也不清楚本门课程目标以及如何为专业目标服务，一本教材，一种讲法，一套讲稿应对所有。二是参加教学比赛的教师盲目紧跟专业认证的目标条款，想通过一门课去实现所有教学目标，这是不可能的。因此，不谈目标找不到自己，追求所有目标就是迷失了自己。

实际教学是一个系统问题，就一门课程而言分理论教学、实践教学以及综合训练。英式划分为：lecture、seminar、tutorial，即西方国家大学的教学策略为大班讲授、小班研讨、个别辅导。不同类型的课程其教学目标也是不一样的。lecture旨在知识传授，seminar旨在专业与非专业能力培养，而tutorial则强调的是个别辅导、因材施教。就课堂环节而言分：课前、课中和课后。教学改革或者能力培养应该区分是在哪一环节的创新或改革。现在的翻转课堂，强调课堂活动，强调能力培养，但实际可行性如何？从某种角度它弱化了知识传授的功能。

所有争论就如瞎子摸象，摸到的仅是课中和理论教学，而没有考虑或忽视了其他环节在整个学生培养体系中的作用。各科教师传授什么知识？培养什么能

力？在为哪一个专业上课？ 脑科学、青春期大学生发展研究、发展心理学都认为，在18～25岁这个阶段，大脑发展的重点是抽象思维和理性思维能力。大学培养的所谓"高水平人才"是指具有较高抽象思维和理性思维能力的大学生。[23]因此，就一门课程而言除了知识传授外，更重要的是传授给学生一种思维方式。

9.3 教师在教学过程中所承担的能力培养作用

9.3.1 专业思维方式：以工业工程为例

1. 工业革命加速了工业工程的形成

工业工程于20世纪初才成为系统性的研究领域，但许多工业工程概念却早在远古时代已由先人所用，例如埃及金字塔的建造，需要仰赖精密的计算与复杂的工业工程技术；中国西周时期建立的分封制，强调严密的监控与管理；历代万里长城的兴建，耗费了庞大的人力与物力，其背后必然存在优越的规划、组织、领导、控制等管理功能，这些过去的例子，证实了工业工程的思想早已融入人类生活中，工业工程活动的痕迹处处可寻。

纵然工业工程的思想与活动俯拾皆是，但直至20世纪初，工业工程才逐渐成为一门正式的学问，这个突破性的发展，必须归功于工业革命。工业革命起源于18世纪的英国，工业化背景下制造的机器快速取代了传统手工业所倚仗的人力与物力，也促成资本主义的发展。随着资本快速累积，企业的规模日渐庞大，超乎了传统经理人所能管控的范围，于是人们开始重视工业工程的思想与管理技术，直接促进了工业工程理论的发展。

2. 科学管理与以人为本的思维

企业快速扩张下，如何提高劳工的生产力成为迫在眉睫的议题，也催生了工业工程的第一个理论科学管理的诞生。20世纪初，强调效率的科学管理被提出，主张将个别劳工视为庞大机器中的小齿轮，并运用重视细节的时间研究与动作研究等科学方法刺激生产力的提升。古典工业工程可分为以科学方法（观察–实验–改善）改善产能的科学管理与加强组织行政效率的行政管理两个支派，皆被视为管理理论的先驱。

然而，古典工业工程的主张虽然有助于缓解劳动力短缺，但这种将人视为机械、过于理性的观点渐渐受到社会学家和心理学家的批判，因而衍生出重视人际关系与员工需求的以人为本观念，其中以霍桑实验最为知名，引发了后续人际关系观点的研究。该学派从人性的角度出发，认为管理者通过了解员工心理，得知下属真正的需求，便可采用激励方式鼓励员工提高生产力，达成组织目标，与科学管理的主张截然不同。

3. 源自军事管理的模型思维

第二次世界大战期间，英美两国的作战人员，根据科学管理的精神，以计量方法与统计工具成功处理了许多复杂的军事问题，大战结束后，这些管理概念也被移植于民间企业，衍生出模型思维，其分为管理科学观点与作业研究的观点，主张以统计分析、数量模型及电脑仿真等方式厘清管理问题，对于诸如制定预算、资源分配、存货管理等需要数字辅助的决策有所助益。

4. 系统化思维

约20世纪60年代中期，在全球经济增长、技术迅速发展的背景下，外在环境的变化对组织的影响开始受到重视，系统观点与权变观点相继出现，人们称之为系统化思维。系统观点视组织为许多子系统集合而成的母系统，而组织本身又是大环境中的一个子系统，因此系统与环境间存在着互动的关系，组织必须掌握环境的变动，进而研发新的产品或服务，才能维持良好的绩效。权变观点则基于因时制宜的概念，主张管理的领域中没有放诸四海皆准的模式，随着外在环境的变迁，管理者应适时调整组织规模、目标与工作内容，有所变通。而管理理论发展至此，环境研究的重要性更为明确。[76] 表9-1所示为工业工程专业思维方式的演进。

表9-1　工业工程专业思维方式的演进

工业工程 思维演进	科学思维	以人为本思维	模型思维	系统化思维
时代背景	20世纪初 工业革命促使企业规模扩张，出现劳力短缺的问题	20世纪30年代部分学者认为科学管理的主张脱离人性，并没有真正考量员工的需求	第二次世界大战期间英美军方采用数学与统计方法，有效分配作战资源，而后沿用于企业界	20世纪60年代在经济增长，技术迅速发展的背景下，外在环境相关议题开始受到重视
管理思想	重视效率，运用科学方法与严格的纪律刺激生产力提升	从人性的角度出发，认为员工的行为、需求及人际关系都会对绩效造成影响	以统计分析、数量模型及电脑模拟等方式厘清管理问题	强调组织与外环境的互动关系
重要概念	科学管理： 以科学方式找出完成生产工作的最佳方法。 行政管理： 研究组织的最佳管理原则	霍桑实验： 从对员工心理的激励来提高工作意愿与产能。 人际关系观点： 从人的需求或人性的本质来设计管理方式	管理科学： 善用量化方法找出最有效解决问题的公式或模型。 作业研究： 将抽象的目标转化为具体的指标，借以做出最佳决策	系统观点： 将组织视为一个系统以分析管理活动。 权变观点： 不同组织面对不同环境时，必须有权宜的管理方法

本书基于上述思维方式的演进构建了工业工程核心课程体系，在工业工程专业人才培养中，专业思维方式的培养是其教学的核心目标。

9.3.2　课程思维方式：以力学课程为例

为了说明力学思维，我们可以先来观察力学家的思维，以期能发现一些他们思维中共有的特点，并以此来总结力学思维。[77]

如果追溯力学的起源，公元前5—4世纪的阿契塔（Archytas）是有文字记载的最早的"力学家"，他是毕达哥拉斯学派的最后一位领袖，同时也是塔伦通（今意大利塔兰托）的军事领导人。阿契塔利用立体几何解决了倍立方体问题，并在机械制造上多有建树，被普鲁塔克称为数学力学奠基人。

在有关阿契塔的故事中，都会介绍柏拉图对阿契塔的猛烈批评，主要是批评阿契塔的几何与机械结合，柏拉图认为那应该是工匠的工作，而不是数学家、哲学家应该做的工作；还批评他由于政治上的原因导致他不能专心于哲学思考，说他在哲学上的理解能力一般。

实际上，柏拉图代表了古希腊崇尚理性思考的传统，而阿契塔的双重身份使得他具有了两方面的特点。一方面他作为毕达哥拉斯学派的领袖，有崇尚理性的传统；而另一方面，作为军事领导人，从战争的角度来看，他又必须注重实践。这可能就是阿契塔所代表的力学思维与柏拉图所代表的理性思维之间的差异。

在阿契塔之后，亚里士多德在力学方面也有许多研究，不过我们却从来不认为亚里士多德是力学家。作为柏拉图的学生，亚里士多德继承了柏拉图的理性思维，注重于哲学思辨，我们不把亚里士多德当作力学家，说明纯粹的思辨一定不是力学思维。

阿基米德和伽利略，一个被称为"力学之父"，另一个被称为"近代力学之父"。他们的思维是什么样的呢？阿基米德最著名的杠杆原理，既用公理化体系来演绎，又利用杠杆设计出了许多机械设备，这是理性（理论）与实践的结合；伽利略用精确的实验测定来研究力学，为牛顿研究自由落体、惯性定理奠定了基础，也是实践与理论的结合。

1687年，牛顿发表《自然哲学的数学原理》，其中讲到"哲学的全部任务就在于从各种运动现象来研究各种自然之力，而后用这些力去论证其他现象"。从这里可以看出，牛顿提到了力学研究的两个方向：一是从"各种运动现象"到

"力"，二是从"力"到"其他现象"。这就体现了力学思维的两个方向，从实践到理论，再从理论到实践。结合牛顿著作的名称《自然哲学的数学原理》，即这里理论的落脚点就是数学，实践的落脚点就是自然（或工程），粗浅地讲可以认为两个方向就是从自然（或工程）到数学，再从数学到自然（或工程）。

再后来的力学家基本都体现了这样双向的思维。如纳维从研究悬索桥，发展了弹性理论，又依据弹性理论大胆地设计出了新颖的悬索桥（纳维设计建造的悬索桥）。普朗特提出了边界层理论，连通了当时发展水平很高却互不相通（实验和理论不能互相验证）的理论流体力学和水力学。冯·卡门更是将数学和力学应用于航空航天。

通过这些力学家的思维，我们可以看出，力学一定有实际的研究对象，或者是工程项目，或者是自然现象，这是力学与工程紧密联系而又区别于数学的特征。其次，力学又与数学有着密不可分的关系，如数学力学奠基人阿契塔，是毕达哥拉斯学派最后一位领袖。

综上可见：力学思维是工程思维（具象）和数学思维（抽象）的混合思维方式。力学是连通数学与工程（自然）的桥梁；它有三个落脚点和两条逻辑线，三个落脚点即数学、工程、力学，两条逻辑线即从工程经过力学到达数学（牛顿的第一方向），或者从数学经过力学到达工程（牛顿的第二方向）；力学思维过程包含了两种互逆的思维方向，是两者的高度统一。

根据力学思维的特点，力学思维的培养适合采用三段式的培养模式，即围绕一个知识点，将其分解为工程、数学、力学三个部分，如同建桥一般，先搭建工程和数学两个桥墩，最后连通力学桥梁，以此来培养力学思维。

如图9-5所示，工程的基础是技术、自然科学和数学，而数学是通过力学模型实现人类思维方式由具象到抽象的转变，因此力学建模既是力学思维的核心，也是力学思维培养的磨刀石。力学是研究"物体、力、运动状态"三者之间关系的学科，物体有两重含义，一是研究对象，二是物体本身所代表的事物发展变化的内因，力代表事物发展变化的外因，运动状态就是事物发展变化的特征。因此，我们可以用内因外因的哲学体系来理解和研究力学的特征。

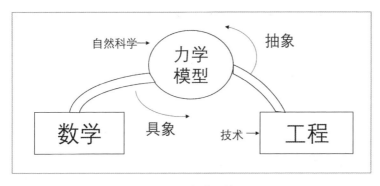

图9-5 力学思维

9.3.3 其他课程思维方式

（1）数学教师：数学的本质是什么，构造一个新的数学方程是一种创造，对于逻辑结构而言它是一种发现，因为这种结构是一种客观的存在，如麦克斯韦方程组，就数学而言它是一种创造，就物理而言它是发现。

数学能力（mathematical ability）是指抽象概括能力、空间想象能力、推理论证能力、运算求解能力、数据处理能力、应用意识、创新意识。苏联心理学家克鲁捷茨基认为，它是能较为迅速、容易并透彻地掌握数学知识、技能和习惯的那些独特的心理特征（主要是心理活动特征）。他根据数学思维的特点，提出数学能力包括：①使数学材料形式化的能力；②概括数学材料的能力；③运用数字和其他符号进行运算的能力；④连续而有节奏地进行逻辑推理的能力；⑤缩短推理过程的能力；⑥逆转心理过程的能力；⑦思维的灵活性，即从一种心理运算转向另一种心理运算的能力；⑧数学记忆；⑨形成空间概念的能力。

（2）自然（物理、化学）教师：需传授给学生的思维能力主要是观察、理

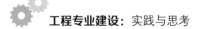

解和应用的能力。

例如，化学思维（chemical thought）：指研究化学科学所必备的基本手段和思维工具。包括化学实验方法、化学模型方法和化学逻辑，此构成内容更加丰富、体系更为严谨的化学理论。化学逻辑思维方法通常要结合化学实验方法和化学模型方法加以使用，并且对后两种方法起到指导作用。

（3）编程思维：从学术上讲，编程思维是解决问题的算法加代码实现的过程的集合，编程思维有两个组成部分，一部分是算法设计，另一部分是代码实现。学生通过学习编程，最关键的不是掌握编程的"语言"，而是学会编程语言的过程所用到的思考方式，也就是编程思维。

编程思维的核心，不是编程语言，也不是语法，甚至不是算法或数据结构本身，而是如何分解问题，从中发现规律，建立解决问题的模型，并映射到合适的数据结构和算法上，然后才能根据算法写程序实现。

编程思维并不是编写程序的技巧，而是一种有效解决问题的思维方式，虽然听起来很陌生，但是小到衣食住行大到工作学习都有它的身影，编程思维让问题变得简单有序，培养学生编程思维将会大大提高学生解决问题的能力，对学生的学习也有帮助。

编程思维是一种逻辑思维。当面对生活中的任何事情时，我们都可以用编程的逻辑去分析和解决问题。比如，我们要出去旅游，你需要分析的问题：行程安排、预算、交通工具、食宿、天气等等。

编程思维是框架思维。写一个软件，需要先做设计，搭架构；写一段程序，也需要有个大体框架，这种高屋建瓴统筹规划全局的思维几乎在所有的学习、工作项目中都要用到。如同建房子，需要首先搭脚手架。显然，框架思维在我们生活中广泛存在。

编程思维是拆解思维。一个复杂的问题，看起来千头万绪没有思路，这时需要将复杂的问题拆解成一个个简单的问题，再各个击破。编程思维就是"理解问题—找出路径"的思维过程。它可以将一个问题清晰具体地描述出来，将大问题逐步分解成独立的小问题，由复杂变简单，由抽象变具体。

（4）专业基础课教师。制图需要传授的是图形思维，旨在培养学生的空间想象力和使用图形语言描述世界的能力。机械原理培养的是分析与综合的能力，而机械设计培养的是设计能力。

（5）学科专业教师。依据学科定位对学生进行课程知识、技能的传授等相关能力培养。

（6）专业实验课教师。科学实验的核心不是动手能力，而是实验思维。实验思维是以科学实验为代表，是科学实验的一种重要形式，是通过产生灵感、逻辑推理、数学演算等发现科学规律的过程。在实验教学中，如何基于实验目的，设计一个科学合理的实验流程？如何正确地设计和使用实验所需的器具？如何分析实验数据，得到想要的结论？遇到实验结果与预期不符，如何追溯实验步骤，找到问题所在？通过实验借助于拓展性问题情境为学生开辟较为广阔的思维空间，可以有效地促进这种思维品质的形成。实验只是对动手能力的一种挑战，只要理论知识学得足够扎实，稍加练习就能过关。其实，实验背后的思维方式，才是核心所在。实验探索是"脑手并用"的问题解决过程，其中脑的活动对探索具有定向作用。培养实验能力的核心问题是形成实验意识。在实验教学中，关于实验意识形成的四项基本目标是：问题感的形成、实验方案的设计、观察数据的整理和适当结论的提出。

学科知识、学科能力、学科思想是学科体系的三大要素，学科知识是基础，学科能力是核心，而学科思想则是一个学科的灵魂。对于学科知识，学科课程体系（大纲）和教材已经为任课教师做出了科学的安排，学科或专业一线教师需要关注和研究的，笔者认为重点应该是专业思维方式的传授和专业能力的培养。

图9-6所示为教师的价值与作用；图9-7所示为教师在教学中的作用。

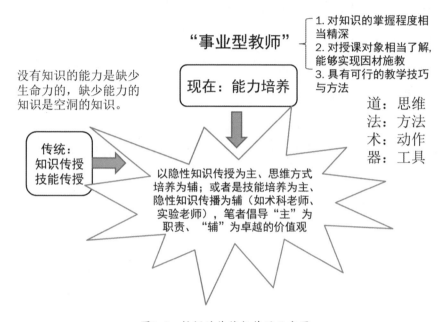

图9-6　教师的价值与作用示意图

图9-7　教师在教学中的作用

9.4　教书匠精神

　　图9-8所示为育人方法随工业革命的变迁。农耕时代，社会生产力处于较低的发展水平，生产工具主要是依靠人力或畜力操作的手工工具，教育的工具也主要是依靠人力操作的手工工具，其教育功能的发挥都有赖于教师的操作，不能脱离教师独自起作用。对"人"（教师）的依赖构成了农耕文明时期教育形态的主要特征，这一阶段的教育形态被称为"学徒制"。

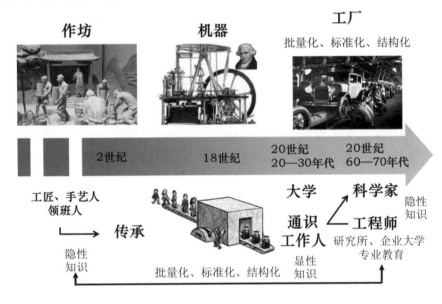

图9-8　育人方法随工业革命的变迁

9.4.1　育人方法的变迁

　　近代科学技术的发展极大地推动了生产工具的进步，原来依赖人力或畜力的手工工具让位于由机械动力驱动的机器装备，机器大生产取代了手工劳动，工业文明的水平促使教育的形态发了翻天覆地的变化，教育开始从学徒制转向班级

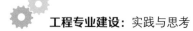

授课制，当人类步入数字化时代时，教育的历史形态也必然会随之更替。

1911年，正是泰勒提出的科学管理原则结束了个性化的学习和教学模式，让教育标准化走上历史舞台。为适应当时大批量生产对产业工人的需求，石油大亨洛克菲勒认为整个社会需要改变教育体系，把教育的方向转为把孩子培养成更好的劳动力，于是他创立并资助了一个叫普通教育委员会的组织，1912年这个组织起草发表了一篇震惊美国教育界的论文，这篇论文影响深远，可以说从此改变了美国的教育系统，这篇文章提出，教育不是为孩子的未来人生做准备，而是让他们成为时代所需要的劳动力。极端一点说这篇论文就是确保各行各业拥有足量低技术工人的指南。这篇论文把泰勒的工序分解、标准化的思想全盘吸收，并提出了更具争议性的观点：就是要根据孩子们的能力把他们区分开，认为有的人生来就更加优秀，教育的重点应该放在这些人身上。在这种观念的影响下，教育系统也随之进行了改变，首先是判断标准变得非常僵硬，判断一个学生的能力是高还是低，只需看学生在考试中的成绩，判断一个教师的教学水平看的是他教的学生在考试中的成绩。教学方式则变得更加机械，不管学生们的能力多么不同，教师都用完全相同的教材、教学方式和教学速度进行教学。如果模型显示普通人在某个年龄段、某种情况下能最高效地学习某个学科，那么这个模型就应该推广到所有人身上，正是这些特定时代环境背景下的理念在工业革命后期重新定义了学校和教育，让整个教育体系开始注重标准化，并持续到今天。班级授课制构成了现代学校教育体系中最基本和最核心的制度框架，教育的新生产力的获得促使教育的生产方式发生改变，教育的形态不断更替，当人类步入数字化的新时代，教育的历史形态也必然会随之更替。事实上，在班级授课制中实施个性化教育是非常难的，伴随互联网技术的飞速发展，慕课、微课等资源的逐渐丰富，与多品种小批量生产模式一样，因材施教实施个性化教育也成为可能，但是这种教育方式可能需要与时俱进的培养方案、考核考评机制来保障。

9.4.2 产品质量与育人质量

前已述及现代标准化的育人方法起源于大批量生产模式和工厂制度，如图9-9所示，工厂产品质量是可直视的，产品质量就是工厂的声誉，市场看的是产品的质量和企业的声誉；学生质量需要很长时间才能表现出来，而教师质量却是可见的。因此，人才市场看的是师资质量和学校声誉，学校声誉是由教师质量决定的。因此，学校应该以教师为中心谋求发展，而不是以学生为中心谋求发展，师资质量好当然学生质量就好，熟语"名师出高徒"就是这个道理。因此，创造环境育人，强于按计划培养人，按计划培养人是计划经济的思维，有拔苗助长的可能。

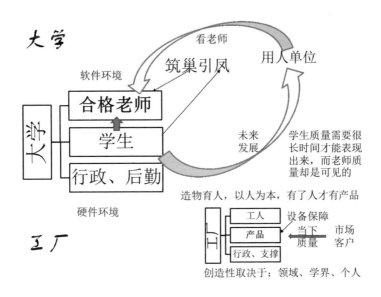

图9-9 大学与工厂绩效对比

"学校犹如鱼池也，师生如鱼也，其行动如游泳也。大鱼前导，小鱼尾随，是从游也，师生是大鱼与小鱼的关系，不是养鱼人与鱼的关系。"（梅贻琦）

在哈佛大学，教授太太请教授们吃饭，本科生请教授吃饭，图书馆长请教授吃饭，这样的三顿饭分别对应着三个共同体：大学的学术共同体、教学共同体与行政共同体，它们一起建构着整个哈佛的大学共同体。

三顿饭请客的对象都是教授，显示出教授是大学的重心。解决好教授这个大学重心，才能解决好学生这个大学中心。因为教授是大学最重要的生产力！中国人喜欢引用这句话："所谓大学者，非谓有大楼之谓也，有大师之谓也。"大学的文化就是大师能否养成的土壤，就是大师能否存活的环境。

如图9-10所示为教育思想的发展过程，《论语》反映了孔子的教育原则。孔子因材施教，对于不同的对象，考虑其不同的素质、优点和缺点、进德修业的具体情况，给予不同的教诲，表现了诲人不倦的可贵精神。《学记》论述了"教之所由兴"和"教之所由废"的道理，提出了教学过程中应遵循的原则与方法，即"豫时孙摩"四条重要教学原则：其中"时"就是"当其可"，是及时施教的原则。《学记》要求教学必须把握住恰当的时机，及时施教。这具体包括两层含义：一是青少年要适时入学，在最佳的学习年龄入学读书，莫失良机；二是指教师在教学过程中要把握住施教的关键时机，激发学生的求知欲，当学生对知识有强烈渴求的时候，给予及时点化。否则，错过了学习的最佳年龄，错过了形成某种心理品质的关键期，则"勤苦而难成"。

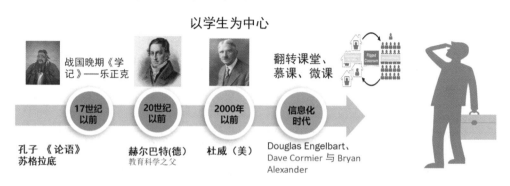

图9-10　教育思想的发展过程

根据"文化分期说"理论，赫尔巴特把儿童的文化学习和品格发展分为四个时期，每个时期有主要的学习科目。赫尔巴特认为，课堂教学应该适应学生心理活动的规律。根据他自己的心理学理论，赫尔巴特细致地研究了教师向学生传授知识和学生获得知识、形成观念的具体过程，提出关于教学过程的"形式阶段"理论。

"以学生为中心"的观念源于美国儿童心理学家、教育家杜威的"以儿童为中心"的观念。杜威极力反对在教学中采用以教师为中心的做法，反对在课堂教学中采用填鸭式、灌输式教学方法，主张解放儿童的思维，以儿童为中心组织教学，发挥儿童学习主体的主观能动作用，提倡在"做中学"。杜威在他的教学实验中完全尊重儿童自己的意愿，儿童想做什么就可以做什么，想怎么做就怎么做。教师基本上对学生采用放任自流的态度。虽然杜威的教学实验对教师在教学过程中的主导作用和系统地学习科学知识有所忽视，但杜威的实验成果无论是在当时还是在现在都具有积极的启发意义。

图9-11所示为从幼儿园到大学，人的性格的变迁过程，在儿童阶段，本能是对父母的依赖，需要成人的保护，护幼、尊重孩子的天性是动物的本能，如大象父母、兄弟姐妹们都会对幼象进行保护。随着年龄的增长，儿童变成少年到青年，开始从事积极的独立活动，并且由于在活动过程中不断接受各种外界影响，其性格开始形成个人独有的风格，并以区别于他人的、基本稳定的性格类型表现出来。进入成年阶段，积累了丰富的生活经验，认识了外在世界和主观世界发展的规律性，有了评判事物优劣的能力。大学教育是成人教育，学生作为成人应该为自己的一切行为负责，对学生进行责任教育更重要。大学应着重培养学生的互依型人格，强调规则意识、责任意识。

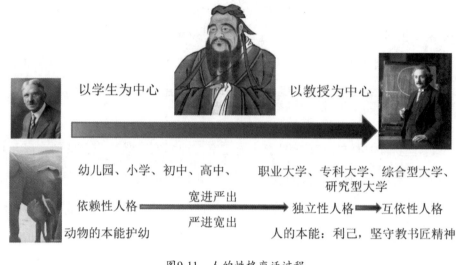

以学生为中心   以教授为中心

幼儿园、小学、初中、高中、   职业大学、专科大学、综合型大学、
研究型大学

依赖性人格   宽进严出   独立性人格 ➞ 互依性人格

严进宽出

动物的本能护幼   人的本能：利己，坚守教书匠精神

图9-11　人的性格变迁过程

9.4.3　大学殿堂与教书匠精神

大学起源于宗教。例如，巴黎大学就是从著名的巴黎圣母院所属的一所天主教学校——索邦神学院演变而来的。11世纪中期，法国各地有很多这样的学校。至12世纪中叶，巴黎学校的规模越来越大，教师也随之倍增，于是，日益增加的教师们自然地形成了一种教师的同业公会，以此来争取维护自身的各种利益和权利。这样，大学组织也就形成了。在中世纪，特别是13、14世纪里，巴黎大学是整个西方基督教世界的学术机构，伟大的神学–哲学国际中心，著名的经院哲学家大多出自这里。

在12世纪之前，英国是没有大学的，人们都是去法国和其他欧陆国家求学。1167年，当时的英格兰国王同法兰西国王发生争吵，英王一气之下，把寄读于巴黎大学的英国学者召回，禁止他们再去巴黎大学。另一说法是，法王一气之下，把英国学者从巴黎大学赶回英国。不管如何，这些学者从巴黎回国，聚集于牛津，在天主教本笃会的协助下，从事经院哲学的教学与研究。于是人们开始把牛津作为一个"总学"，这实际上就是牛津大学的前身。学者们之所以会聚集在牛津，是由于当时亨利二世把他的一个宫殿建在牛津，学者们为取得国王的保护，就来到了这里。英国大学毕业典礼的"仪式感"起源于古典宗教仪式，据说如今一些大学的毕业庆典仍然保留了部分宗教元素。如图9-12所示。典礼当日，准毕业生们通常会以领带、白衬衫或深色连衣裙及高跟鞋搭配毕业礼服，盛装出席。毕业典礼通常由主席台人员入场开始，执杖人手持权杖带领学校领导及各学科教授徐徐步入会场。在这里，权杖代表知识的圣洁和大学的最高学术权力，是学校准予毕业和授予学位的象征。之后，会有人按照学位类别及学科专业念出每一个毕业生的名字，毕业生们依次上台，接受校监或校长给予的祝福，领取毕业证书。在一些英国院校的博士学位授予仪式上，校长还会逐字宣读每位学生的学术贡献，以尊重每位学生所取得的成就。当毕业生身着长袍，一步一步走上主席台时，礼堂里热切的目光，回荡的响亮掌声，无疑是对毕业生成绩的另外一种认可（见图9-12）。因此，大学不是培训机构，也不是服务机构，是知识的殿堂。

图9-12　英国大学学位授予仪式

育人质量不能靠以学生为中心来保障，应该靠追求教书匠精神的大师们来保障。何为大师？具有匠人精神的教书匠就是大师。匠人一词，最早出现于《墨子·天志上》中，里面提到"譬若轮人之有规，匠人之有矩"，意思是如同造车轮的人有了圆规，木匠有了矩尺。可见在春秋战国时期，匠人一般特指木匠，木工。匠艺活动：它是一种持久的基本的人性冲动，为了把事做好而把事做好。匠人通过迭代与改善，使耳提面命隐性知识的传授方式得到进化，身教胜于言教。匠人并不为自己骄傲，而为自己的工作而骄傲，其就是努力想把自己的本职工作做好，不为了别的，单纯就是想把事情做好的人。

《国富论》认为人的本性是利己的，追求个人利益是人民从事经济活动的唯一动力。同时人又是理性的，作为理性的经济人，人们能在经济活动中获得最大的个人利益。如果这种经济活动不会受到干预，那么，经由价格机制这只"看不见的手"的引导，人们不仅会实现个人利益的最大化，还会推进公共利益。因此，追求教书匠精神的教师们在实现自身价值的同时，促进了育人质量的提升。《学记》认为教育教学成败的关键在教师。有了好的教师，不合理的规章制度可以得到斧正，不科学的内容体系可以获得调整，不明确的教育目标可以明确突出。《学记》赋予教师以崇高的地位，用"善歌者使人继其声，善教者使人继其志"来形象地说明教师在教育过程中的主导作用。

总之，大学起源于神学讲坛，最早的大学其雏形是神学院，神学研究信仰问题，信我者来，不信者走，学也好，不学也好，都是自己的选择，学生要为自己的选择负责。教师应是那个为了心中的信仰而修炼的苦行僧，教师重在修炼，重在对教书匠精神的追求。

9.5　总结与思考

术是法的基础，法是"道"的台阶，思维是"道"的载体，教师通过隐性知识和思维方式的输出过程实现"道"的传递。

做教师有三个层次：工作、事业、使命。具有使命感的教师就是好教师，大多数教师传授的是信息，具有使命感的教师在传"道"，智慧的习得就靠天性和悟了。

目前高校按帽子分配的政策极大损害了教学组织利益，按帽子分配会导致挣钱的不干活，干活的不挣钱，不仅如此，因为许多高校教学组织岗位描述不清，人员晋升制度不利于组织建设，更不利于组织发展。没有明确的岗位描述，按需设岗，人尽其责，所建立的教学组织势必成为低效、高浪费的组织。多年的教学实践表明：如果课程体系设置得当，教学设计科学合理，教师能够按照既定的人才培养模式人尽所能，各负其责，那么该教学单位会获得"整体绩效大于个体绩效之和的人才培养质量"。

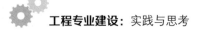

参考文献

[1] 刘沛清. 世界高等工程教育发展与我国高等工程教育改革 [J]. 世界教育信息，2013, 26(15): 16–18.

[2] 姬婷. 浅述我国近代高等教育进程演变 [J]. 科教导刊（下旬），2019(03): 1–2, 12.

[3] 王言法. 近代中国高等教育与社会的嬗变 [D]. 济南: 山东大学，2011.

[4] 刘尧. 中国高等教育发展历史述评 [J]. 南阳师范学院学报，2009. 8(2): 106–110.

[5] 齐元媛. 民国时期大学校长群体特征研究（1912—1949）[D]. 沈阳: 沈阳师范大学，2005.

[6] 孙培青. 中国教育史 [M]. 上海: 华东师范大学出版社，2009.

[7] 王先明. 民国"黄金十年"的历史实相 [J]. 记者观察（上半月），2016(8): 75–77.

[8] 马克·N. 霍伦斯坦. 工程思维 [M]. 宫晓利，张金，赵子平，译. 北京: 机械工业出版社，2018.

[9] 应跃兴，刘爱生. 英国本科生导师制的嬗变及启示 [J]. 浙江社会科学，2009(3): 87–92, 128.

[10] 魏志荣. 本科生导师制: 历史、现状与未来 [J]. 山东高等教育，2015, 3(10): 62–67.

[11] 欧亚, 蔡荣. 高校实行本科生导师制探索 [J]. 安庆师范学院学报: 社会科学版, 2014, 33 (06): 146–148.

[12] 马艳秀. 对清华大学本科生实行导师制的实证研究 [J]. 江苏高教, 2006 (3): 84–86.

[13] 尚王海, 王锐刚, 郑文芳. 对本科生实行导师制的认识 [J]. 山西高等学校社会科学学报, 2011, 23 (10): 93–95.

[14] 邹佳锜. 浅谈大一新生的管理工作 [J]. 科技信息, 2011 (08): 42.

[15] 王雅丽, 许虹. 大学新生入学的心理特征及分析对策 [J]. 东方企业文化, 2012 (11): 262.

[16] 周济. 大力加强教学工作切实提高教学质量——第二次全国普通高等学校本科教学工作会议上的讲话 [J] 中国大学教学, 2005 (1): 4–8.

[17] 齐涛. 从大学功能看高等学校的内涵 [N]. 中国教育报, 2006–10–27.

[18] 孙庆峰, 肖艳. 基于职业生涯规划的高校人才培养模式研究 [J]. 中国高等教育, 2008 (11): 59–60.

[19] 孔繁森. 工业工程专业人才培养模式创新的理论与实践 [J]. 中国大学教学, 2009, No. 225 (05): 40–42.

[20] 乌尔曼. 机械设计过程 [M]. 北京: 机械工业出版社, 2015.

[21] GERO J S. Design prototypes: A knowledge representation schema for design [J]. AI Magazine, 1990, 11 (4): 26–36.

[22] 加涅, 布里格斯, 韦杰著. 教学设计原理 [M]. 皮连生, 赵维国, 等译. 上海: 华东师范大学出版社, 2005.

[23] 赵炬明, 高筱卉. 论大学教学研究的科学化、学科化与专业化 [J]. 中国高教研究, 2018 (11): 28–34.

[24] 熊伟. 质量功能展开——理论与方法 [M]. 北京: 科学出版社, 2012.

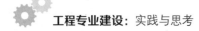
［25］CHAN L K，WU M L．Quality function deployment：A literature review［J］．European Journal of Operational Research，2002，143（3）：463-497.

［26］史密斯，希特．管理学中的伟大思想［M］．徐飞，路琳，译．北京：北京大学出版社，2010

［27］巩建闽，萧蓓蕾，董文娜．框架模型：课程体系编制研究与实践的路径与方法［J］．中国高教研究，2011（01）：84-88.

［28］泰勒．课程与教学的基本原理［M］．黄炳煌，译．台北：桂冠图书公司，1980.

［29］CONRAD C F．The undergraduate Curriculum：A Guide to Innovation and Reform［M］．Colorado： Westview Press，1978：5，7，12.

［30］AXELROD J．Curricular Change：A Model for Analysis［R］．University of California，Berkeley：Center for Research and Development in Higher Education，1968.

［31］DRESSEL P．L．College and University Curriculum 2nded［M］．Berkeley，California：McCutchan，1971：22-24.

［32］有宝华．课程连续统一体：一种新的学校课程系统［J］．外国教育资料，2000（01）：20-24.

［33］陈向明．美国哈佛大学本科课程体系［J］．外国教育资料，1996（05）：65-69.

［34］DURAN，A．，CASTRO Z．S．A New Curriculum for Manufacturing & Industrial Engineering and Engineering Management for BS and MS Degrees．Procedia- Social and Behavioral Sciences［J］，Procedia Social and Behaivioral，2013，（102 ）：560-567.

［35］TOPI，HEIKKI，VALACICH，et al．IS 2010：Curriculum Guidelines for Undergraduate Degree Programs in Information Systems［J］．Communications of AIS，2010.

［36］GOODLAD J. Curriculum Inquiry. The study of curriculum practice ［M］, New York, McGraw Hill, 1979.

［37］RUI M. LIMA, DIANA MESQUITA. An Analysis of Knowledge Areas in Industrial Engineering and Management Curriculum ［J］. International Journal of Industrial Engineering and Management, 2012, （2）: 75–82.

［38］Hesham K. Alfares H. K. Umar M. Al–Turki U. M. . Developing an Outcome– Based Industrial and Systems Engineering Program ［J］. IEMS, 2009, （4）: 247–255.

［39］KUO W. , DEUERMEYER B. IE curriculum revisited: Developing a new undergraduate program at Texas A&M University［J］, IIE Solutions, 1998, （6）: 16–22.

［40］CRUMPTON–YOUNG L. L, HAMPTON E, RABELO L. Re–Engineering the undergraduate industrial engineering program［J］. IIE Annual Conference and Exhibition, Houston, TX, USA, 2004: 245.

［41］BRYAN A. NORMAN, BESTER M. A Conceptual Model for Integrating and Synthesizing the Industrial Engineering Curriculum［J］. Proceedings of the 2004 American Society for Engineering Education Annual Conference & Exposition, Session 1657, Copyright 2004, American Society for Engineering Education.

［42］DURAN A, CASTRO Z. S. A New Curriculum for Manufacturing & Industrial Engineering and Engineering Management for BS and MS Degrees［J］. Procedia– Social and Behavioral Sciences, 2013, （102）: 560–567.

［43］SHAFEEK H. AMAN M. From Traditional to Applied: A Case Study in Industrial Engineering Curriculum ［C］// International Conference on Advanced

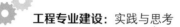

Information and Communication Technology for Education （ICAICTE 2013）461–470.

[44] Sansom C. and Shore P. Case study: meeting the demand for skilled precision engineers. Education+Training Vol. 50 No. 6. 516:529, 2008.

[45] Goggins J. Engineering in communities: learning by doing. Campus-Wide Information Systems Vol. 29 No. 4, 238:250, 2012.

[46] 顾明远. 教育大辞典［M］. 上海：上海教育出版社，1990：711.

[47] 孔繁森. 高等学校工业工程本科专业类课程体系模型框架研究［J］. 工业工程，2016, 19（6）：131–137.

[48] 杨晶. 德国产学研合作模式研究［J］. 商业时代，2012（11）：121–123.

[49] 时伟. 论大学实践教学体系［J］. 高等教育研究，2013（7）：61–64.

[50] 陈亚绒，周宏明，付培红，等. 应用型工业工程专业人才培养的实践教学研究［J］. 中国成人教育，2008, 147–148.

[51] 李明金，郄海霞，杨秋波. 国外一流工科高校实践教学体系的特征分析及启示［J］. 现代教育科学，2016 （3）：109–114.

[52] 陈中柘，刘宇，李海庆. 基于工业工程专业的ＥＲＰ沙盘模拟实验探索［J］. 实验室研究与探索，2015, 34（6）：262–265.

[53] 蒋增强，鄂明成，朱晓敏，等. 工业工程实验体系研究［J］. 实验室研究与探索，2013, 32（10）：141–145.

[54] 陈杰. 工业工程本科教学实验体系研究［J］. 实验室研究与探索，2004, 23（5）：9–11, 35.

[55] 祁丽霞. 面向创新应用型人才培养的工业工程综合实验室建设［J］. 华北水利水电大学学报（社会科学版），2014, 30（5）：124–127.

[56] 欧阳庆，吴春胤，张建桃，等. 工业工程专业实验室建设的几点建议［J］. 实验科

学与技术, 2015, 13(1): 187–188.

[57] 郝南海, 邓春芳. 工业工程综合实验的构建和成效 [J]. 实验室研究与探索, 2014, 33(3): 198–201.

[58] 许彦, 王鹏, 田维通. 工业工程专业实验教学模型设计与应用 [J]. 实验技术与管理, 2014, 31(6): 203–205, 218.

[59] 尹宁伟. 中国一流大学实践教学体系建构的新趋势—基于《"985 工程"大学 2010 年度本科教学质量报告》的文本分析 [J]. 中国大学教学, 2012(5): 82–88, 96.

[60] 孔繁森, 王瑞. 实践教学体系的框架模型研究 [J]. 高等工程教育研究, 2017, 166(05): 135–139.

[61] CHARLES R. Instructional design: what is it and why is it? [M]. C. M. Reigeluth (Ed.), Instructional theories in action, Hillsdale, 1983: 3–36.

[62] MERRILL M D, LI Z. An instructional design expert system [J]. Journal of computer-based instruction, 1989, 16(3): 95–101.

[63] KEMP J E. Instructional Design: A plan for unit and course development [M]. Belmont, California: Fearon. Pitman, 1977.

[64] NORBERT M S, DIJKSTRA S. Curriculum, plans and processes in instructional design: International Perspectives [M]. Lawrence Erlbaum Associates, Inc., Publishers, 10 Industrial Avenue, Mahwah, New Jersey 07430, 2004.

[65] WINOGRAD T. Bring Design to Software [M]. New York: ACM Press, 1996.

[66] NEWELL A, SIMON H A. The logic theory machine—A complex information processing system [J]. Information Theory Ire Transactions on, 1957, IT–2(3): 61–79.

[67] 王佳: 信息场的开拓——未来后信息社会交互设计 [M]. 北京: 清华大学出版

社, 2011.

[68] 孔繁森, 李昕. 以信息场为中心的教学模式设计 [J]. 高等工程教育研究, 2021, 188 (03): 87-91.

[69] 格兰特·威金斯, 杰伊·麦克泰格. 追求理解的教学设计 [M]. 闫寒冰, 宋雪莲, 赖平, 译. 上海: 华东师范大学出版社, 2017.

[70] 王策三. 教学论稿 [M]. 北京: 人民教育出版社, 1985. 244.

[71] 王道俊, 王汉澜. 教育学 [M]. 北京: 人民教育出版社, 1989. 244.

[72] 邹丽玲, 李志宏. 关于传统与现代教学方法的思考 [J]. 中国高教研究, 2009, (10): 90-91.

[73] 冯华. 试论传统教学与现代教学 [J]. 学术论坛, 2001 (3): 144-147.

[74] 马秀麟. 翻转课堂教学模式应以学生为中心 [N]. 中国社会科学报, 2014-10-22.

[75] 张学新, 对分课堂: 大学课堂教学改革的新探索, 复旦教育论坛, 2014, 12 (5): 5-10.

[76] 陈妮雯, 易博士编辑部. 图解管理学 [M], 台北: 易博士文化, 城邦文化事业股份有限公司, 2011.